华章图书

一本打开的书,
一扇开启的门,
通向科学殿堂的阶梯,
托起一流人才的基石。

区块链技术进阶指南

袁煜明◎主编

胡智威 李慧 刘洋 马天元 邓小聪 池温婷◎参编

ADVANCED GUIDE TO
BLOCKCHAIN
TECHNOLOGY

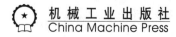

机械工业出版社
China Machine Press

图书在版编目（CIP）数据

区块链技术进阶指南 / 袁煜明主编 . —北京：机械工业出版社，2020.4

ISBN 978-7-111-65231-1

I. 区… II. 袁… III. 电子商务 – 支付方式 – 指南 IV. F713.361.3-62

中国版本图书馆 CIP 数据核字（2020）第 052464 号

区块链技术进阶指南

出版发行：机械工业出版社（北京市西城区百万庄大街 22 号　邮政编码：100037）

责任编辑：赵亮宇　　　　　　　　　　　　责任校对：李秋荣

印　　刷：北京瑞德印刷有限公司　　　　　版　　次：2020 年 4 月第 1 版第 1 次印刷

开　　本：186mm×240mm　1/16　　　　　印　　张：14

书　　号：ISBN 978-7-111-65231-1　　　　定　　价：69.00 元

客服电话：（010）88361066　88379833　68326294　　投稿热线：（010）88379604

华章网站：www.hzbook.com　　　　　　　　　　　　读者信箱：hzit@hzbook.com

版权所有·侵权必究
封底无防伪标均为盗版

本书法律顾问：北京大成律师事务所　韩光 / 邹晓东

Forward 推 荐 序

2009年年初，中本聪实现了比特币系统，到目前已有10年的时间，火币集团也走过了6个年头。在这期间，区块链技术从零开始，正在逐渐融入我们的生活。

常有人问我：区块链的意义是什么？在我看来，区块链提供了让信息互联网转化为价值互联网的契机。在价值互联网的宏观趋势下，过去我们把信息上网，如今我们可以探讨把价值上链；过去我们依靠互联网解决信息不对称问题，如今我们通过区块链探讨解决价值不对称问题。

基于价值互联网的思路，区块链应用正在循序渐进地发展。得益于区块链从业人员的不断努力，区块链从最开始单纯实现点对点的电子现金功能，发展到对供应链金融、票据存证、清结算等传统金融行业的支持，再到现在演化为对各实体行业进行"区块链+"改造赋能的应用探索。

然而，要做好区块链行业应用并不容易。好的区块链应用要综合做好计算机技术、密码学算法、经济模型、产品运营等多维度的复合工作，任何一环薄弱都可能会影响最后成效。因此，行业知识的储备与普及至关重要，而区块链技术无疑是实现所有区块链应用最重要的基础之一。

从技术上看，区块链技术已经从最初以比特币为代表的能完成简单支付的UTXO账本区块链系统，发展到以以太坊为代表的能处理复杂业务的智能合约区块链平台，再发展到目前综合使用分片、分层、跨链、新型共识机制、新型数据结构、可靠加密算法等多种区块链技术的大型复合架构。这对区块链行业从业者即未来新经济模式的引领者提出了更高的要求：必须更深入、更全面地掌握区块链技术体系。

在本书中，煜明带领的火币区块链研究院团队对区块链技术进行了很好的归纳和整合。与其他介绍区块链技术的图书不同，本书并没有局限于某一平台或技术，而是从时间上回顾、整合了区块链技术的发展历程和转变动力，从空间上梳理、归纳了区块链技术的算法原理和设计实现，帮助读者全景式地掌握区块链技术脉络。相信无论是对区块链技术感兴趣的圈外读者，还是已经在行业内奋斗的从业者，均可以从本书中汲取知识，获得灵感。

火币集团是知名的区块链产业企业，已形成全面的全球数字经济产业生态体系。区块链技术的繁荣和火币的使命是相辅相成的。希望本书的出版可以助力世界范围内区块链技术的发展与应用落地，加快区块链技术对实体产业的赋能，让我们离价值互联时代更近一步。

李　林

火币集团董事长、创始人兼 CEO

前言

为什么要写这本书

区块链作为具有革命性意义的新一代信息技术，是各类技术的有机结合体，其涉及内容多、迭代速度快，全面掌握该技术并非易事。

我们在做区块链行业研究与赋能实体的过程中，对现有区块链知识普及有了更深刻的认识：大量从业者以及圈外人士都希望能通过阅读有关区块链的书籍来学习区块链知识，以加深对行业的理解。当前市面上有关区块链技术的书籍比较多，读者往往难以抉择。同时，要想快速、准确地掌握区块链并不容易，我们自己也曾走过很长的区块链学习之路。

我们团队地毯式地阅览并分析了市面上的区块链书籍，梳理下来，目前的区块链书籍主要可分为两类：一类是偏入门级的科普，介绍区块链的概念，简要介绍比特币、以太坊等区块链系统的技术原理，且以原理作为铺垫，更强调区块链技术的应用场景等；另一类面向专业开发人员，基于以太坊、Fabric等平台介绍如何上手搭建网络、如何开发DApp应用、如何编写智能合约等，内容深入到某一个平台的技术开发细节。

而对于想要全面并且深入了解区块链技术知识的读者来说，还缺少系统、图谱性的介绍图书。因此，我们萌生了编写一本全面而深刻介绍区块链各项技术的图书的想法，最终形成了本书。

读者对象

- 希望系统性、全局性了解当前区块链技术的从业者；
- 想要学习和实践区块链技术的传统IT从业者；
- 研究和探索区块链技术的高校与研究机构人士；
- 其他对区块链技术感兴趣的读者。

如何阅读本书

本书从区块链发展简史、账本模型、网络、共识、合约引擎及应用等多个方面进行系统介绍，希望帮助对区块链有一些初步概念而想深入了解各类区块链平台背后所使用技术的读者，梳理出区块链分层的技术图谱，建立起一个区块链的全局性知识模型。

本书第1章主要介绍区块链技术的前世今生；第2章介绍区块链技术的总体架构；第3~7章分别介绍区块链的账本模型与底层存储、点对点网络的设计与实现、共识原理及常见算法、合约引擎的实现方式、区块链技术应用与生态等。

勘误支持

由于编写时间仓促，同时区块链技术发展日新月异，书中难免存在一些错误和疏漏，恳请广大读者批评指正。读者可发送邮件至 huobiresearch@huobi.com 来反馈宝贵意见或建议。

致谢

在本书的编写过程中，我们得到了多方的指导、支持与帮助。

首先感谢火币集团董事长、创始人兼CEO李林先生的鼓励与支持，使我们可以在区块链赋能实体产业以及对区块链进行深入研究的工作之余，有机会将我们对区块链技术的知识积淀转化为系统性的书籍来回馈行业与社会。

感谢黄铭钧、陈钟、徐恪、马兆丰和洪学敏等各位专家学者对本书的支持和肯定，同时，他们专业的意见和建议也让本书更加充实和完善。

感谢机械工业出版社华章公司的李华君老师、李良老师等的指导。正是他们的辛勤付出，本书才得以以专业形式呈现。

尤其感谢一起完成本书的火币研究院的小伙伴们所付出的汗水与心血（排名不分先后）：胡智威、刘洋、马天元、李慧、邓小聪、池温婷。

谨以此书献给热爱区块链行业并为之奋斗的朋友们！

袁煜明

火币中国 CEO 兼火币区块链研究院院长

目录 Contents

推荐序
前言

第 1 章　区块链简史 ……………… 1

1.1　区块链的史前时代 …………… 1
1.1.1　密码朋克社区 …………… 1
1.1.2　经济危机与比特币诞生前夜 … 4

1.2　公有链的澎湃浪潮 …………… 6
1.2.1　引言 ……………………… 6
1.2.2　中本聪的星星之火 ……… 6
1.2.3　最早的加密货币和区块链社区 ………………… 8
1.2.4　价值 10 000 比特币的两个比萨 ………………… 9
1.2.5　"丝绸之路"网站 ……… 11
1.2.6　比特金，莱特银 ……… 12
1.2.7　PoS 的诞生 …………… 17
1.2.8　bytemaster、DPoS 与去中心化公司 …………… 19
1.2.9　Vitalik 封神，以太坊突进 … 24
1.2.10　匿名币群雄并起 ……… 33
1.2.11　"黎明女神"EOS 以及以太坊的其他"对手"… 39
1.2.12　比特币扩容之争始末 … 43

1.3　联盟链的汹涌波涛 …………… 48
1.3.1　引言 …………………… 48
1.3.2　R3 联盟：区块链金融应用领域的务实派 ……… 48
1.3.3　Hyperledger Project：区块链金融应用领域的技术派 ……………… 51
1.3.4　国内知名区块链联盟 …… 53

参考资料 ………………………… 55

第 2 章　区块链技术总体架构 …… 58

2.1　总体架构 ……………………… 58
2.2　密码学技术 …………………… 60
2.2.1　非对称加密 …………… 60
2.2.2　哈希函数 ……………… 61
2.2.3　数字签名 ……………… 62

2.2.4 隐私保护 ································ 63
2.3 分布式账本 ································ 64
2.3.1 账本 ······································ 64
2.3.2 网络 ······································ 64
2.3.3 共识 ······································ 65
2.4 合约 ·· 66
2.5 应用 ·· 66
2.5.1 钱包 ······································ 66
2.5.2 DApp ···································· 67
2.5.3 预言机 ··································· 67
2.5.4 浏览器 ··································· 67
2.6 扩展技术 ····································· 68
2.6.1 Layer 0 ································· 68
2.6.2 Layer 1 ································· 69
2.6.3 Layer 2 ································· 70

第 3 章 账本 ······································ 72
3.1 账本模型设计 ······························ 72
3.1.1 UTXO 模型 ··························· 73
3.1.2 账户模型 ······························ 79
3.2 账本结构设计 ······························ 83
3.2.1 区块链 ·································· 83
3.2.2 区块 ···································· 85
3.2.3 新一代区块典型结构——
以太坊 ································· 87
3.2.4 有向无环图——DAG ············ 90
3.3 底层存储的技术实现 ···················· 93
3.3.1 区块链的存储方式 ················ 93
3.3.2 新一代存储方式——
以太坊 ································· 94

3.3.3 链外扩展存储——IPFS ······ 100
参考资料 ·· 103

第 4 章 网络 ···································· 105
4.1 P2P 网络简介 ····························· 105
4.1.1 什么是 P2P 网络 ················ 105
4.1.2 从 BT 下载看 P2P 网络 ······ 105
4.1.3 P2P 网络与区块链 ············· 111
4.2 P2P 网络中的重要技术 ··············· 111
4.2.1 分布式哈希表 ····················· 112
4.2.2 Kademlia 协议 ··················· 114
4.2.3 NAT 与 NAT 穿越 ·············· 119
4.3 libp2p ······································· 125
4.3.1 libp2p 是什么 ····················· 125
4.3.2 libp2p 的设计 ····················· 127
4.3.3 libp2p 的组成 ····················· 128

第 5 章 共识 ···································· 132
5.1 共识与一致性 ····························· 132
5.1.1 一致性 ································ 133
5.1.2 共识 ··································· 134
5.2 FLP 和 CAP ······························ 135
5.2.1 FLP ···································· 135
5.2.2 CAP ·································· 135
5.3 区块链中的共识及思路 ··············· 139
5.3.1 BFT 共识 ··························· 139
5.3.2 PoX 共识 ··························· 139
5.4 PoX 类共识 ······························· 140
5.4.1 工作量证明 ························ 140
5.4.2 权益证明 ··························· 145

5.4.3 其他 PoX 共识 ………………… 151
5.5 BFT 类共识 ……………………………… 154
　　5.5.1 针对无拜占庭错误场景
　　　　　进行优化 ………………… 154
　　5.5.2 针对拜占庭错误场景
　　　　　进行优化 ………………… 160
　　5.5.3 基于密码学的改进 ……… 162
5.6 混合类共识 ……………………………… 163
　　5.6.1 PoW+BFT ……………………… 164
　　5.6.2 DPoS+BFT ……………………… 164
　　5.6.3 Tendermint …………………… 164
　　5.6.4 Algorand …………………………… 166
参考资料 ………………………………………………… 167

第 6 章　合约引擎 …………………………… 171

6.1 合约设计 ……………………………………… 171
　　6.1.1 确定性 …………………………… 172
　　6.1.2 可终止性 ……………………… 173
6.2 脚本方式 ……………………………………… 175
　　6.2.1 比特币的分叉币、
　　　　　竞争币 ………………………… 175

6.2.2 匿名加密货币 ………………… 175
6.2.3 部分 DAG ……………………… 176
6.2.4 扩展方法 ……………………… 176
6.3 容器方式 …………………………………… 176
6.4 虚拟机方式 ………………………………… 178
　　6.4.1 改进 EVM ……………………… 179
　　6.4.2 兼容传统指令集 ………… 180
　　6.4.3 wasm 方式 …………………… 181
6.5 应用专有链方式 ………………………… 182
参考资料 ………………………………………………… 183

第 7 章　应用 …………………………………… 186

7.1 应用基础设施——钱包 ……………… 186
　　7.1.1 多角度看钱包 ……………… 186
　　7.1.2 钱包的技术实现原理 … 189
7.2 应用的外部辅助机制 ………………… 198
　　7.2.1 预言机 Oracle ……………… 198
　　7.2.2 链下支付通道 ……………… 203
7.3 DApp 应用生态 …………………………… 208
　　7.3.1 主流生态平台现状 ……… 208
　　7.3.2 DApp 生存挑战 …………… 211

第 1 章 Chapter 1

区块链简史

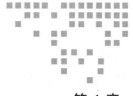

1.1 区块链的史前时代

1.1.1 密码朋克社区

"财政大臣正处于第二次救助银行的边缘"——这则 2009 年 1 月 3 日的《泰晤士报》头版新闻被永久地记录在了比特币区块链的创世区块上,这意味着区块链的海啸巨浪已经完全就绪,即将席卷全球。

海啸一般是由海底地震引起的,在掀起区块链滔天大浪之前的 16 年,这次海底地震就已经在酝酿了。1992 年,三位密码学极客 Eric Hughes、Timothy C. May 和 John Gilmore 共同发起了大名鼎鼎的密码朋克(Cypherpunk),并在随后的 10 多年中,持续地影响着密码社区的爱好者。

但是此时此刻,距离中本聪完成白皮书的时间还有十几年,在这个"区块链的史前时代",又发生了哪些故事呢?还要从 Hashcash[1] 说起。

Hashcash 是一种依靠工作量证明的算法,它最初的用途是防止垃圾邮件的滥发。它的创造者是英国密码学家 Adam Back——密码朋克邮件组中的一员。和此前提到的诸多相对陌生的名字不同,Adam Back 在区块链行业至今仍大名鼎鼎,因为他创建了 Blockstream。而 Blockstream 公司主导设计了比特币的

Liquid 侧链和闪电网络，并且是比特币隔离见证技术 Segwit 的重要推动者。

但是时间倒回 Hashcash 被创造出来的 1997 年，Adam 当时可能并没有想设计任何一种加密货币，更没有发射卫星的想法（是的，Blockstream（图 1-1）于 2018 年在一颗人造卫星上部署了比特币节点），他可能只是单纯地被垃圾邮件骚扰得不胜其烦，于是决心通过密码学设计一种防止垃圾邮件的方案——工作量证明。

图 1-1　Adam Back 是 Blockstream 创始人之一

他利用加密算法 SHA-1 设计了一个邮件插件，每个发邮件的人都用 CPU 计算一个小题目，就像如今的比特币挖矿一样。因为"题目难度"非常低，通常只会占用几秒钟的时间，对于正常使用者来说，额外的几秒钟并不影响用户体验。但是对于恶意滥发邮件者来说，一封邮件消耗几秒钟，一口气几千封邮件就要消耗数个小时，这极大地增加了垃圾邮件滥发者的成本。

Hashcash 虽然理论上可行，但是实际上并没有普及、推广开来，毕竟它要求足够多人使用才有效。举个例子，假如你的顶头上司没有安装 Hashcash 插件，他向你发了一封邮件，你可以因为他没有计算一轮 SHA-1 而拒收他的邮件吗？显然不可能，因此 Hashcash 没能普及，到现在为止我们仍然忍受着垃圾邮件的骚扰。

Hashcash 通过引入工作量证明成功对抗 DDoS。这个理念是区块链得以发展的重要基石，而且该理念也吸引了中本聪。比特币正是基于这一机制，才能有效地对抗基于 IP 的 DDoS 攻击，没有走向弯路。在中本聪的《比特币白皮书》的第 4 章中专门提到了 Adam Back。其相关内容是：为了能够在点对点的基础上应用分布式时间戳服务器，我们必须使用像 Adam Back 的 Hashcash 那样的 PoW 系统。

基于对密码朋克社区中加密无主权理念的支持，美裔华人计算机工程师戴维（Wei Dai）在 1998 年发布了 B-money 的两个协议[2-3]。戴维也是密码朋克邮件组中的一员，而且他很有可能看到了 Hashcash 的尝试。Hashcash 也许并没有想过要成为一种通行货币，但是戴维看到了 PoW 的成功之处，他认为通过密码学可以完成一个不受中心化机构制约的电子货币。

B-money 的第一个协议中设计了这样的模型：假如 Alice 向 Bob 转账，Alice 必须向全网广播，并且使用私钥签名。这听起来是不是很熟悉？没错，这和比特币的基础理念非常相似。但是第一个协议并没有成功，因为没有考虑双花。假如 Alice 在极短的时间内从两个网络分别发起转账，那么 Alice 就可以把 1 美元当作 2 美元消费。

于是戴维又设计了第二个协议，那就是引入"服务器节点"的概念——只有服务器才能记账，普通用户不需要记账，随后服务器之间再用网络链接起来。用户在发出 B-money 之后，由随机的"服务器节点"来验证是否有双花行为。同时，为了制约这些"服务器节点"，他还设计了抵押功能。这非常有趣，这个想法和如今的 PoS 或 DPoS 有些类似。

尽管 B-money 很不完善，也没有付诸实践，但是戴维仍然非常值得令人钦佩——他的这些想法至今还有人在尝试。中本聪在《比特币白皮书》中第一个引用的就是戴维的 B-money（比钱）论文。有人甚至认为比特币（Bitcoin）的命名也受到 B-money 的深刻影响。B-money 在密码朋克社区引起了相当热烈的讨论，也推动了密码朋克邮件组的其他尝试，比如 Nick Szabo。

Nick Szabo 有两个身份：计算机学家和密码学家，并且在后来设计了"智能合约"这门技术；密码朋克邮件组中的一员。智能合约是一个创举，直接促成了以太坊的诞生，但在这个区块链史前时代，我们暂且不表。Nick 既是一位学者，也是一位理想主义者，从他在 1998~2005 年陆续发表的文章中可见一斑。他认为传统的纸质产权非常容易被滥用或者伪造，完全依赖于对强权第三方的信任，因此他非常渴望通过一种强制手段保护个人的财产所属权[4]。

于是 Nick 开始了对"数位黄金"（bit-gold）[5]的构想。数位黄金是非常有创造性的，它引入了工作量证明的机制，每台计算机去计算需要解出的难题，计算结束后，按照时间戳进行排序，并通过拜占庭方式来防止双重花费。它和今天的比特币有很多相似之处，甚至比 B-money 更像比特币，但是它仍然没有成功。

原因是它缺少基于算力的最长链原则，数位黄金依赖网络中的地址数量去进行拜占庭共识，而比特币依赖算力多少。如果依赖地址数量，这个网络就会很容易被恶意节点进行女巫攻击，因为创造新地址的成本是极低的，攻击者可以很快拥有大量地址。

牛顿曾经说过："如果说我看得比别人更远些，那是因为我站在巨人的肩膀上。"如果说中本聪看得比别人更远，那么密码朋克社区的这些先驱就是巨人。比如 Hal Finney，他是 PGP 加密的最初设计员之一，RPoW 的创造者，也是除了中本聪之外第一个收到比特币的人。正如前文所述，Hashcash、B-money 以及 bit-gold 距离成功都只有几步之遥。而 Hal Finney 又向成功推进了一小步。

受到密码朋克邮件组中 Hashcash、B-money 和 bit-gold 等诸多项目的影响，2004 年，Hal Finney 设计了一种名为可重复使用（RPoW）的 Token，如图 1-2 所示。RPoW 解决了过去电子货币的一些问题，比如不能重复使用。例如，之前提到的 Hashcash，用户计算一次就是一次，无法复用。而 RPoW 认为，既然用户计算出了一个难题，那他应该获得回报——比如一个 RPoW Token。换句话说，可重复进行的挖矿概念诞生了。

图 1-2　Hal Finney 设计的 RPoW 系统

有 B-money 和 bit-gold 的模式探索，又产生了 RPoW 的 Token，再加上 20 世纪 90 年代 Haber 和 Stornetta 提出的时间戳技术。这个世界酝酿了这么久，只要再来一点颤动，撼动全球的大地震就要发生了！

1.1.2　经济危机与比特币诞生前夜

2008 年下半年是一个相当难熬的时间段。2008 年 9 月 15 日，当时负债数千亿美元的美国顶级投行——雷曼兄弟正式宣布破产！而这次破产非但没有让美国的次贷危机画上句号，反而愈演愈烈。由房价持续上涨引出的垃圾债务，像连环炸弹一样在传统金融秩序下世界的每一个角落接连炸响。

金融危机从美国爆发，很快蔓延到全世界。英国也不例外，在 2008 年的这次金融危机中，英国几大银行损失惨重。在雷曼兄弟破产后的不到一个月时间里，拥有 NatWest、Direct Line 和 Coutts 的苏格兰皇家银行股价下跌近 40%，跌至 15 年来的最低点。其股票市值在过去一年中下降了 80% 以上。其他银行的股价也全部急剧下跌，HBOS 下跌 41.54%，劳埃德 TSB 下跌 12.93%，巴克莱银行下跌 9.24%[6]。

时任英国财政大臣的 Alistair Darling 不得不做出一个救助计划，那就是通过政府去救助这些银行，计划拿出 500 亿英镑去购买银行的优先股，然后拿出 2500 亿英镑去承销这些银行的中长期债务。但是，在当时来看，这第一轮救助并不足以将满身疮痍的银行业拉回健康线以上，全球危机还在继续发酵，这是全球传统银行秩序下的一个恶疾，任何单一地区和机构都无法阻挡滚滚的寒冬潮流。

2008 年 10 月 31 日是值得永久铭记的一天，密码朋克邮件组中的很多成员收到了一封邮件，正是《比特币：一种点对点的电子现金系统》[7]，和很多人猜想的不同，这封白皮书在当时并没有掀起轩然大波或者被顶礼膜拜，因为它只是站在巨人肩膀上的另一次尝试。

Hal Finney 是最欣赏比特币的一位密码朋克成员，他给了中本聪很多建议。为此，后来中本聪还专门转给了 Hal 10 枚比特币，完成了比特币历史上第一笔转账。加密社区似乎欣欣向荣，但是传统世界就没那么好过了。

2009 年的到来没能给寒冬带来温暖的气息，很快第一轮救助的支撑开始乏力，财政大臣 Alistair Darling 不得不考虑第二次财政救助。于是在 2009 年 1 月 3 日《泰晤士报》的头版头条上刊登了一篇文章，文章的标题正是本章开头提到的：财政大臣正处于第二次救助银行的边缘。如图 1-3 所示。

传统金融界的寡头和政客们此时正焦头烂额，但是中本聪却悠闲地把这则新闻记录在比特币的创世区块上。没错，有可能颠覆传统金融的新技术，即本书的主角——区块链正式睁开了双眼，即将席卷全球的滔天巨浪登场了！

图 1-3　2009 年 1 月 3 日《泰晤士报》头版 [8]

1.2 公有链的澎湃浪潮

1.2.1 引言

无论是《史记》《汉书》，还是其他大多数史书，都是以开创基业的伟人本纪作为开篇，由推动时代汹涌发展的王侯将相、先贤豪杰的传记串联点缀起来的。区块链行业也一样，区块链的星星之火诞生于密码朋克邮件组，随后由行业中的无数探索者们一点一点地艰难推进。

有个比喻很好，区块链世界是一片黑暗的、茫茫不知边际的热带雨林，中本聪第一个点亮了火种，带领着探索者们走进雨林的中央，随后探索者们以此为根据地，向各地进发。有的尝试去右前方，有的向左侧前行，有的为了走得更远，先退回一点又开始横向探索，有的探索者走着走着，还会再分成几小股。但是无论是哪个方向，探索者们的目标都是完全一样的：都是为了走出雨林，把光亮火种传递出去。

直到今日，继承了中本聪衣钵的探索者们仍然在不断探索区块链这片雨林的边界，探索出的面积越来越大，但是未知的领域也越来越多，探索者们时而进行激烈的辩论，时而开始坚毅地合作。有少数的人离开，留下了一个个被证伪的错误方向；有更多的人加入，开辟了一条条有潜力的崭新路线。所有人的目标仍然没变，都在积极扩大着人类对区块链的认知边界。

1.2.2 中本聪的星星之火

第一个点亮火焰的是中本聪，至今人们对他仍然一无所知，甚至不知道他是一个人，抑或是一个团体。中本聪（Satoshi Nakamoto）这个英文写出的日本名字，发音取自日本最常见的姓和名，对应到中文，中本聪这个名字类似于张伟、李强等。

就是这样一个完全匿名的、游离在现实世界之外的中本聪，在发布了《比特币白皮书》后，开始在黑暗中默默地摸索。2009 年 1 月 3 日，比特币的软件客户端终于调试完毕，中本聪挖掘出了高度为 0 的比特币创世区块，在黑暗的雨林里点亮了第一束火光。

最开始的道路是昏暗的，很多推测都认为，在比特币的最开始阶段，只有中本聪的一台电脑在孤独地进行比特币挖矿，维持着比特币网络的运转。从很多途径都可以侧面印证这一点，比如比特币的挖矿难度直到 2010 年年初才出现第一次较大的增长，如图 1-4 所示。

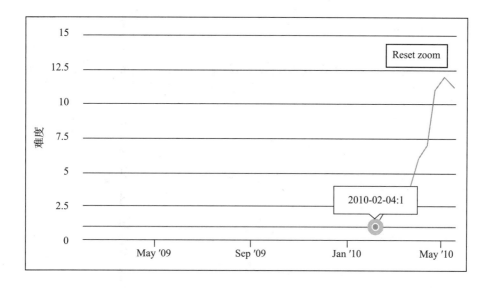

图 1-4　比特币全网难度示意图（来源：btc.com）

第一个认可并帮助中本聪的人，正是 1.1.1 节中提到的密码学学者、PGP 加密的早期开发者 Hal Finney。从 2013 年 Hal Finney 在 Bitcointalk 论坛撰写的回忆录[9]中可知，他推断自己可能是第二个运行比特币客户端的人，并在后面收到了中本聪发送来的 10 枚比特币，因此他也确定自己是第一个收到比特币的人。当然，这也是人类第一次尝试用去中介的方式给他人转账成功。中本聪的一小步，是区块链的一大步。

这一步是很关键的，在比特币诞生前，很多关于加密货币的想法都没有走到这一步。这一步意味着一个最基本的概念——点对点的电子现金系统实现了。资产在链上自由地转移，只受私钥掌控者的控制，不受其他任何干扰和审查，这件事自然意义非凡。

1.2.3 最早的加密货币和区块链社区

有了第一次链上交易,就会有第二次、第三次。为了能和更多人交流比特币,中本聪建立了一个 SourceForge 论坛,用于讨论比特币。随后于 2009 年 11 月迁移到了 Bitcointalk.com,如图 1-5 所示。建立论坛是一个非常正确的决定,因为后来在 Bitcointalk 上诞生了无数天才的想法,并且时至今日,Bitcointalk 仍然是全世界最活跃的加密货币论坛之一。

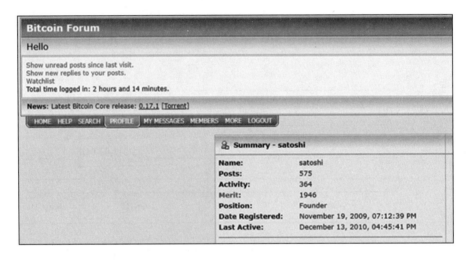

图 1-5　在 Bitcointalk 上仍然可以搜到中本聪的账户(来源:Bitcointalk.org)

Bitcointalk 是比特币通往成功的重要原因之一,它是最早的区块链和加密货币社区,也是迄今为止最大的加密货币社区。在 Bitcointalk 上,板块涉及很广,不仅包括对比特币技术的探讨,也讨论投机(Speculation)和经济(economics),除此之外,还有竞争币(俗称"山寨币",英文为 Altcoin)的专区。而且随着比特币的声名远扬,Bitcointalk 还有各种语言的本地站,如 Bitcointalk 中文区就出现了很多著名帖子,影响着后来一批又一批极客。

时至今日,很多评论员认为一个新的区块链项目的成功一定要有三驾马车:底层技术过关;经济模型正确;庞大社区支持。比特币的第一驾和第二驾马车都来源于密码朋克的灵感,而第三驾马车就是从 Bitcointalk 开始的。

Bitcointalk 论坛中诞生了无数可能,支持者和将信将疑者对比特币模型进行激烈的交锋，开发者和用户群体为技术改进做出不懈的尝试。这个看似小众圈子的讨论量和精彩程度，和传统世界的各大论坛相比也不遑多让。

1.2.4 价值 10 000 比特币的两个比萨

Bitcointalk 中的传奇故事太多，下面挑其中两个来聊一聊。第一件事发生在 2010 年 5 月 18 日，一位 ID 为 laszlo 的美国佛罗里达小哥，突发奇想，想让论坛中的网友为他制作或者订购两个比萨送到他家，作为回报，他愿意支付 10 000 枚比特币给对方。

为什么说这是突发奇想呢？因为在这天之前，从未有人用比特币购买过商品。尽管在一些早期比特币交易网站（如成立于 2010 年 3 月的 bitcoinmarket.com）上，比特币已经有了"价格"，但是这些网站并未被认可。

在这个帖子[10]发出后，laszlo 只得到了零散的几个回复，有几位网友给了他一些建议。但是直到四天后，也就是 2010 年 5 月 22 日，才真正有人为 laszlo 订了两个比萨。一位 ID 为 jercos 的小哥订了两个外卖比萨送到了 laszlo 家，随后 laszlo 发图表示感谢，如图 1-6 所示。

这是一个里程碑事件，是比特币第一次被用于支付购买实物商品。为了纪念这具有历史意义的一天，很多人将 5 月 22 日亲切地称为比特币的"比萨节"。

关于这个话题还有很多其他有趣的事，第一件事是这位 ID 为 laszlo 的网友，实际上极有可能是比特币的第一位 GPU 矿工，laszlo 在接受采访[11]

图 1-6　价值 10 000 枚比特币的两个比萨本尊

时曾称自己是第一个写出 GPU 挖矿程序的人（GPU 挖矿效率远超传统 CPU 矿工），这也是他当时拥有这么多比特币的原因。

第二件事还是关于小哥 laszlo，他在 2018 年再次订购了两个比萨，不同的是，这次他尝试了用闪电网络去支付比特币。同样的两个比萨，过去比特币主网转账需要花费 10~60 分钟，而如今比特币闪电网络只需要几秒钟。

第三件事是关于这件事本身的，在 2010 年 5 月 22 日这一天，10 000 枚比特币大概价值 30~45 美元，而两个比萨本身价值约 25 美元。但是，随着认同比特币的人越来越多，比特币的价格迎来了暴涨，laszlo 也成了 bitcointalker 的调侃对象。在这个帖子下面，2010 年 8 月，有人戏谑地回复："600 美元的比萨好吃吗？"而到了 11 月，回复已经变成了："2600 美元的比萨好吃吗？"而且有人怀疑它们是不是世界上第一个价值 100 万美元的比萨。

比特币的价格节节攀升，这两个比萨的"价值"也随之攀升，如表 1-1 所示。

表 1-1 比萨的"价值"变化

时间	两个比萨的价值（单位：美元）	时间	两个比萨的价值（单位：美元）
2010 年 5 月	约 30~45	2013 年 03 月	1 000 000
2010 年 6~8 月	100	2013 年 11 月	10 000 000
2010 年 10 月	1 000	2017 年 11 月	100 000 000
2011 年 02 月	10 000	2017 年 12 月	约 200 000 000
2011 年 06 月	100 000		

2017 年 12 月，比特币的价格达到了顶峰，已经突破 2010 年网友想象价格的 100 倍（上文已经提到，2010 年那位网友的想象力极限是每个比萨价格达到 100 万美元！）。比特币的发展速度令人咂舌，但也带来另一个问题：比特币的价值到底从何而来？

比特币的价值来自何处是一个经久不衰的问题，这个问题贯穿比特币和区块链发展的始终。有人认为比特币的价值来自矿工的挖矿成本，每枚比特币挖矿的电费和矿机成本是比特币价值的源泉。有人则认为是价值指导挖矿成本，而非挖矿成本指导币价，他们更倾向于认为比特币价值等同于维护比特币网络安全的成本。

有人坚信比特币的价值来自于收藏价值，它拥有 2100 万的总量上限。当然，最著名的说法则是比特币的价值来自于共识，人们相信比特币是一种足够好的避险资产，因此为这种公认的资产给出了价格，就像对待黄金一样。

翻一下 Bitcointalk 上的帖子，就可以看到来自各种语言、各个年代的诸如上文的讨论。与充满血和火的人类历史不同，区块链的发展史没有肉体上的厮杀，只有思想上的碰撞。

Bitcointalk 论坛上碰撞出来的第一个火花是 Namecoin（域名币），同时它也是比特币之外的第一个竞争币（有时也俗称"山寨币"），这是区块链的第二个应用。如果说比特币是一个点对点的支付系统，那么 Namecoin 则是一个去中心化的 DNS 域名管理系统。

我们都知道，全世界仅有十余台 DNS 服务器是用于解析域名的，而且大都集中在美国，如 .com 和 .net 等顶级域名的 DNS 服务商都在美国。DNS 服务提供商的权力理论上是非常大的，如果他们想要封掉某个域名非常容易。

而中本聪非常抵制中心化审查，他提出了一个设想，就是建立一个自由的域名解析服务器，但同时又不希望让比特币变得更复杂。因此他给出了这个设想，让 Bitcointalk 社区帮他实现了。实现的产物正是诞生于 2011 年 4 月的 Namecoin。

Namecoin 和比特币底层非常相似，甚至挖矿都是联合进行的。但是 Namecoin 的矿工多了一项职责，即提供域名解析。Namecoin 上的域名都是以 .bit 结尾的，并且矿工将 IP 和 .bit 域名的对应关系记录在区块链上，那么区块链就变成了一个 DNS 服务器，其他任何人无法干预，成为一个完全自由的域名体系。而 Namecoin 本身则作为一个支付工具，用于维护域名的存在和注册[12-16]。

1.2.5 "丝绸之路"网站

如今看来，.bit 域名并没有取得足够的成功。当人们说起抗中心化审查的网络时，第一个想到的往往并不是 .bit 系列域名，而是一个更负盛名、神秘莫测、备受争议的网络，那就是暗网。暗网并不能通过正常的超链接访问，通常需要通过 Tor 进行链接。而比特币由于其强匿名性，逐渐得到暗网的青睐。

一位来自美国的年轻人 Ross Ulbricht 正是看好比特币的一员。他曾是美国德州大学（达拉斯分校）和宾夕法尼亚大学的高才生，并且曾在纳米科技实验室发表了太阳能电池学术论文。

当 Ulbricht 意识到比特币的匿名性时，他决心创造一个前无古人的网站，那就是依托于暗网的"黑色淘宝"。"黑色淘宝"借助暗网浏览，使用比特币支付，因此它允许交易很多违禁品。2011 年 1 月，自学编程的 Ulbricht 终于完成了"黑色淘宝"网站的搭建。

没错，"黑色淘宝"正是臭名昭著的"丝绸之路"网站。"丝绸之路"网站是比特币发展史的一部分，亦是区块链技术得到的第一次大规模认可。由于"丝绸之路"网站（以及后来的"丝绸之路"2.0）上交易很多违禁物品，以至于"丝绸之路"网站成为比特币的一个原罪。

匿名性极大地延长了 Ulbricht 逍遥法外的时间，让他逃离了两年的抓捕。直到 2013 年 10 月，Ulbricht 在格伦公园图书馆被 6 个便衣警察一举抓获。

1.2.6 比特金，莱特银

"丝绸之路"的影响非常广，以至于它改变了很多人一生的轨迹，比如李启威（Charlie Lee）。这位美籍华人曾是谷歌的工程师，在 2011 年的某一天，一则"丝绸之路"网站的新闻引起李启威的注意。李启威认为，对于"丝绸之路"网站来说，比特币就像拥有跨世界地位的黄金一样，可以自由地流通。如果比特币就是用于支付的黄金的话，为什么不创造一个白银呢？

黄金价值更高，因此对网络安全性需求更高，10~60 分钟的区块确认速度是可以接受的。而白银不一样，如果只是小额支付的话，让区块间隔缩短一些又有何妨呢？

抱着这样的想法，基于比特币的第一个真正意义上的竞争币——莱特币（Litecoin）在李启威的手下诞生了，如图 1-7 所示。和域名币不一样，莱特币的定位是支付，而且似乎更偏向于小额支付。

图 1-7 旧版莱特币的 Logo

莱特币在最初与比特币的区别并不大，但莱特币针对比特币提出了两个新的尝试性思路。

一是莱特币认为比特币的确认时间很长。比特币的区块间隔为10分钟，通常我们又以6个确认为最终确认数，这样算下来比特币的确认时间为60分钟。因此莱特币将每个区块间隔缩短至2.5分钟，即比特币的1/4，并取6～12个区块为最终确认。这样莱特币的确认时间为15～30分钟，相比比特币有了较大的提升。

同时，由于挖矿时间缩短到了1/4，因此其总量也是比特币的4倍，为8400万枚，同样挖矿奖励四年减半。比特币和莱特币一些参数的比较如图1-8所示。

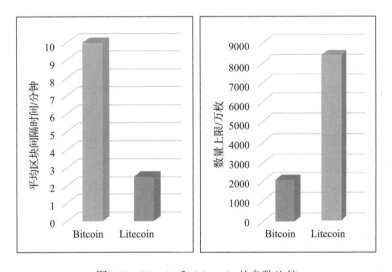

图1-8 Bitcoin和Litecoin的参数比较

但这里必须说明的是，直接缩短区块间隔去提升区块链性能，是以牺牲一小部分网络安全性为代价的。原因是，区块链的网络环境复杂，往往需要遍布全球。因此，同一个区块在传播到每一位矿工节点的时间是不同的。区块的传输需要时间，如果区块传输消耗十几秒，而区块间隔只有150秒（2.5分钟），那么对于网络不那么好的矿工来说影响是非常大的。这时，就更容易产生网络的意外分叉，进而导致网络安全性下降。后来诞生的以太坊区块间隔只有十几秒，为了解决这个问题，还专门使用了幽灵协议。

回到我们的主角莱特币，莱特币的第二个尝试性思路是改变加密算法，以对抗垄断效应的 FPGA 矿机。莱特币将比特币的挖矿算法 SHA-256 变更为 Scrypt。

比特币挖矿是在不断进步的，早在 2010 年，比萨小哥 lazblo 就用效率更快的 GPU 挖矿碾压了其他 CPU 矿工。而到 2011 年，比特币 FPGA 矿机诞生，其超高的效率碾压了 GPU 矿工，这在社区引起了很大的争议。

中本聪主张一 CPU 一票，因为 CPU 的门槛很低，任何一台家用电脑都可以参与，这样的思路是希望网络中的全节点越来越多。全节点越多，比特币区块链账本的备份越多，网络就越安全，越不可篡改。2010 年后，比特币进入了显卡 GPU 挖矿时代，有小部分家用电脑开始掉队，但是好在全网算力节节攀升，这也是一个可以接受的结果。

而 FPGA 的到来彻底打破了这一平衡，FPGA 的英文全称是 Field Programmable Gate Array，中文名为现场可编程门阵列，它比普通的 CPU、GPU 更强，可以通过写入程序，进一步优化设备的挖矿性能，但代价就是灵活度下降。FPGA 已经严重逾越了"家用设备"的边界，脱离了家用设备，这意味着网络中的全节点数量将会大大下降，进而影响网络的安全性。

而莱特币的诞生正好处于这个阶段，社区为了 FPGA 矿机而争论不休。由于 SHA-256 已经被 FPGA 攻克，因此莱特币采取了 Scrypt 加密算法。Scrypt 是对 GPU 挖矿友好的。事实证明，Scrypt 确实延缓了莱特币的 FPGA 矿机诞生速度，但也只是延缓。后来针对莱特币的 ASIC 矿机也诞生了，莱特币挖矿永远告别了家用电脑。

除此之外，还有一个原因，如果莱特币不采用新的 Scrypt 算法，而是采用 SHA-256，它有可能会被已拥有庞大算力的比特币矿工进行 51% 攻击。

由此，具有新特性的莱特币开始快速发展。和中本聪在 2010 年就失去踪迹不同，莱特币的创始人李启威一直活跃在莱特币社区。

值得一提的是，2017 年 12 月 20 日，当时正值比特币的牛市高峰位置。莱特币创始人李启威在 Reddit 论坛 r/litecoin 板块写了一封相当诚恳的信[17]，中文翻译如下：

"在过去的几年中，我尽量避免发布与价格有关的推文，但这很难，因为价格是莱特币成长中的一个重要方面。每当我发布有关莱特币价格的推文，甚至仅是好消息或坏消息时，我都会被指责是为了个人利益。有些人甚至认为我做空了LTC！所以从某种意义上说，持有LTC和发布与它有关的推文这两件事是利益冲突的，因为我（在莱特币社区）有很大的影响力。我唯一知道的事就是，在我发推文前后，我总是克制自己去买卖LTC。而且我也总是被质疑：我的任何行动，是不是有利于我的个人财富增值而非莱特币和加密货币的整体成功。

"出于这个原因，在过去的几天里，我已经出售/捐赠了我的所有LTC。莱特币在经济上对我非常有利，所以我已经足够富裕，不再需要将我的财务成功与莱特币的成功联系在一起。这是6年多以来的第一次，我不再拥有任何一个莱特币（当然不包括我收藏的一些"物理莱特币"），这绝对是一种奇怪的感觉，但从某些角度来说也是崭新的。别担心，我不是放弃莱特币，我仍然会把所有时间都花在莱特币上。当莱特币成功时，我仍会以许多不同的方式获得奖励，当然不再是直接通过币的所有权。我现在相信这是继续监督莱特币增长的最佳方式。"

李启威的信引起了莱特币乃至整个加密社区的轩然大波。而且事后我们发现，比特币的价格也恰巧在12月14日~12月20日这一周达到了最近一轮牛市的顶峰，甚至有人直言李启威是上一轮牛市逃顶最成功的知名人物之一。

对于李启威的做法，我们不去评价对错。但是对于一个区块链项目来说，项目早期时核心成员持有更多Token可以提供足够的激励，而项目成熟后核心成员减持甚至退隐，也不失是一种提高社区去中心化的好方式。创始人出售掉他所有Token这件事的好与坏，还是要根据项目成熟情况而定。

不过李启威目前仍然全职在莱特币社区工作，保持了一贯的热忱。

如果说莱特币社区有两个文化符号，其一是李启威，那么其二便是对比特币的好感。

由于莱特币就是在比特币的代码基础上进行简单改进而诞生的，因此无论是李启威本人还是莱特币社区都对比特币有好感。从对比特币的好感出发，莱特币社区还演化出了一句口号——"比特金，莱特银"。

这句"比特金，莱特银"的口号流传至今，有很大的魔力。

在"金"和"银"的比喻下，莱特币的走势（如图1-9所示）和比特币出现了明显的相关性。虽然莱特币对美元的价格发生了剧烈的波动，但是莱特币对比特币的价格仍然长期保持在一个稳定的区间内。

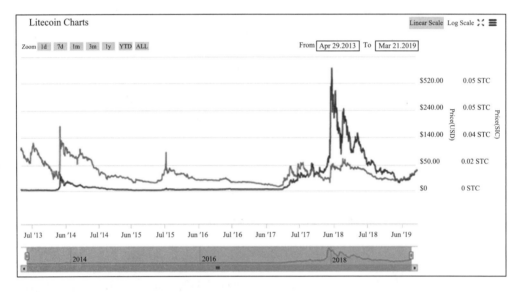

图1-9　莱特币的价格走势（灰色为BTC计价，黑色为USD计价）（数据来源：Coinmarketcap.com）

很多人甚至认为这句口号是莱特币的唯一价值源泉，因为莱特币在最初和比特币实在是太像了，产生这种想法也不无道理。但是，事实上，莱特币能够走到今天，不仅仅靠这一句口号。

莱特币的技术社区发展速度也很快，比如隔离见证技术和闪电网络，莱特币的进度都不输给比特币，甚至有些版本更新还走在了比特币的前列。

而就在2019年，莱特币更新了Logo，如图1-10所示，去掉了过去的银色，这似乎也在彰显莱特币社区不满足于"比特金，莱特银"的决心。

当然莱特币还是保持了一贯对比特币的好感，李启威在 2018 年还曾提出过通过闪电网络让莱特币成为比特币侧链的想法，这和其他社区想要取而代之比特币是截然不同的。

图 1-10　莱特币的新 Logo 去掉了过去的银色背景，但保留了图标形状

1.2.7　PoS 的诞生

闪电网络和侧链都是社区给比特币想出的扩容方案。但是让我们重新把视角移回时间线上，2010 年时，比特币的区块没有达到极限，从链上来看，2010～2011 年，比特币区块的大小只有不到 20KB，远远不需要扩容。当时，人们并不关心比特币的拥堵问题，他们更关心的反而是比特币太费电了。

这让我不禁联想到，人类对环保的关注热情并不是永恒的，而是周期性的。当特殊现象发生时，人们会特别关注"环保"这个社会焦点，而当风平浪静时，环保又会变成无人问津的次要新闻。

特殊时期经常有，比如比特币诞生的第二年。在 2010 年年底到 2012 年期间，新的一次厄尔尼诺现象爆发了。厄尔尼诺，有时候也称为圣婴现象，是由洋流导致的，会让北半球的冬天变得异常温暖，最严重时会让北极的气温飙升至 0 度。但同时又带来极端天气，比如近赤道地区的暴风雪和龙卷风。

有相当数量的学者认为，厄尔尼诺现象与温室效应有关，而过分温暖的冬天又会让普通人切身感受到，因此可以看到，在这段时间内，媒体、学界以及政府都在讨论环保的话题。

这自然而然就会影响到比特币社区的人们，很多人开始意识到一个问题：比特币的挖掘似乎很耗电？这不环保！

这个问题和比特币的其他问题不同，其他问题或许可以通过新技术解决，但是比特币挖掘耗电问题看起来很像是一个无解的问题。

在工作量证明挖矿（PoW）的区块链里，网络的安全需要足够多的算力保证，算力越高，作恶的成本就越高（因为"邪恶"矿工需要拥有比诚实矿工更多的算力才能掌控网络）。

而这些矿机的每一次碰撞、每一次计算、每一个 0 和 1 的闪烁，都需要电力这项终极能源。想让比特币更省电是完全不可能的，除非牺牲掉比特币引以为傲的安全性。

事实也证明了这一点，随着比特币的价格水涨船高，比特币的挖矿难度自从 2009 年诞生后就很少降低过，一直是单边上涨。比特币的挖矿难度随时间的变化如图 1-11 所示。

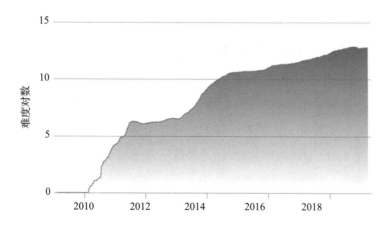

图 1-11　比特币的挖矿难度随时间的变化（数据来源：BTC.com）

为了解决比特币的耗电问题，2012 年，一位化名为 Sunny King 的人和 Scott Nadal 联合发表了一篇论文"点点币：点对点使用权益证明（PoS）的加密货币"[18]，文中提出了一种足够省电的取代 PoW 工作量证明挖矿的共识机制——Proof of Stake，即权益证明。

在 PoW 共识机制的区块链系统中，矿工通过算力给网络提供安全性，想篡改回滚账本必须拥有 51% 的算力，但是前文说到这种方式是能源消耗型的。而通过 PoS，不需要费电挖矿，它只通过持币用户给网络提供安全性。

不过点点币没有使用纯粹的 PoS 机制，它是 PoW+PoS 混合机制。在点点币的 PoS 中，有这样的设计，即负责记账出块的节点不通过算力竞争记账权，而是通过币龄竞争。

什么是币龄呢？币龄＝持币量 × 持币时长，比如持有 5 枚币，持币 6 天，那币龄就是 5×6=30。币龄越高，成功出块的概率就越高。同时点点币每年增发约 1%，用于奖励 PoW 出块的节点。

PoS 被发明出来并不意外，如果说过去的 PoW 是按劳分配的话，那么 PoS 就是按钱分配。持有越多的 Token，被选中出块的概率就越大。被选中的次数越多，获得的奖励就会越多。如果初始的 Token 不够分散，初期 Token 多的持有者就会拥有越来越多的 Token。

这是完全可以想象的，假如 Alice 有 100 万个 Token，Bob 只有 10 万个 Token，那么一年后，按照数学期望，Alice 应该会有 101 万个 Token，而 Bob 只会有 10.1 万个 Token。Alice 一年赚了 1 万个 Token，Bob 只赚了 1000 个，差了 9000 个 Token。而第二年过去后，Alice 会赚 101 万 ×1%=10100 个，Bob 只赚 1010 个，差了 9090 个 Token，差距越来越大。那么随着时间的推移，Bob 永远无法追上 Alice 的持币量。这样，系统中最有钱的节点就会逐步控制整个网络。

更糟糕的是，这其中还有交易所的参与。用户把 Token 托管在交易所那里，交易所拥有大量的 Token，这些 Token 还会产生更多的 Token，交易所就能够从中渔利。

系统中的贫富差距会影响系统的安全性。假如一个高持有者持有的币越来越多，那么他就越来越能控制整个网络。直到某一天，这个高持有者负责出了大量的区块，领取了大量的奖励，而普通节点每天的收益已经不足以支付打开电脑的电费，整个系统中的全节点账本就会越来越少。

一旦全节点账本数量下降到一定程度，这个系统就不足以称为区块链了。虽然点点币是第一个 PoS 币，曾经一度位于加密货币市值排名的前 3 名，但是由于 PoS 系统的诸多待解决问题，如今点点币的市值已经跌到了 180 名开外，如图 1-12 所示。

1.2.8 bytemaster、DPoS 与去中心化公司

让我们重新把视角移回时间线上。2010 年 7 月底，Bitcointalk 论坛上发生了一次足以载入史册的对话。（当然，如果把本书的第 1 章也作为某种不严格意义上的"史册"的话，那这段对话已经被载入史册。）

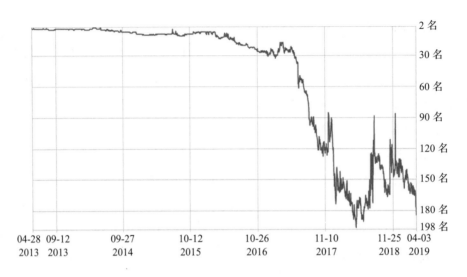

图 1-12　点点币的市值排名，一路从市值前 3 跌到将近 200 名

一位名为 bytemaster 的网友，在一个帖子[19]中发表了对比特币的抱怨。他和 1 年后的李启威都抱着同一个想法——比特币无法完成微支付。

bytemaster 发帖称，在小额支付中，CPU、带宽和硬盘存储空间都是珍贵的资源（比特币显然没有这样的设置，比特币网络中的资源使用费用是以矿工费的形式支付给矿工的）；另外比特币的等待时间太长了，足有 10 分钟。

但没想到，这小小的抱怨居然引来了 Bitcointalk 论坛的终极管理员——会员等级为 founder 的中本聪本人。

中本聪先建议 bytemaster 看看"小吃机"那个帖子[20]，在该帖子中提到了比特币在 10 秒内完成转账的方案，而且比信用卡的欺诈率要小得多。最后中本聪向 bytemaster 说了一句非常著名的话："如果你不相信我，或者没有明白我说的话，不好意思，我没有时间让你相信。"

天才之所以是天才，是因为天才能够坚持自己的想法，即便不被他人所理解。在世人的眼中，中本聪是一位挑战传统银行业的超级天才，很多人不理解他，但他仍然坚持着完成了比特币的设计。而 bytemaster 是另一位天才，连中本聪都无法理解他，但他以一己之力为区块链开辟了与 PoW 迥然不同的另一条道路。

bytemaster，何许人也？

软件工程师，Bitshares、Steem、EOS.IO之父，区块链鬼才，文豪——Daniel Larimar，网名bytemaster，简称BM。

假如中本聪怼了你，你会怎么做？

由于中本聪已经不知所踪，很多人目前没有机会去思考这个问题。不过bm给出了他的选择，做一条链，用事实怼回去！

在被中本聪回复之后，BM经过长期的思考，终于想到了阻碍比特币区块间隔进一步缩小的原因——对于比特币的工作量证明（PoW）挖矿机制，想要达成共识太难了。

在比特币的网络中，有成千上万个全节点，密码学可以让这些节点在收到广播之后快速验证，但是密码学无法让广播传输得更快。

虽然比特币的区块只有1MB上限，但是其网络的传输仍然是个大问题。比特币的全节点所处的网络环境是很恶劣的，你根本不知道这些节点是处于西伯利亚的冰盖上，还是巴蜀的深山中。

如果区块间隔缩得太短或区块增得太大，都会影响网络传输，一旦网络中的大部分节点不能及时更新到最新状态，链就会变得不安全或者不稳定。想象一下，假如两个矿工在同一分钟计算出了新区块，但是由于网络问题，双方都觉得自己是第一个算出的，怎么办呢？为了区块奖励，两者还要开启一次算力竞争，比拼下一个区块，这样既浪费电力，又影响网络的安全。

既然比特币不能更快的原因是矿工太多，达成共识太慢，那干脆减少矿工好了！BM如是想。

不过比特币的生态是完全开放的，任何矿工都可以决定自由进出。那该如何评判哪个矿工可以进入，哪个矿工不能进入呢？干脆投票好了！

投票是人类社会发展到目前阶段最为简单、最为直白、最为透明的一种"共识"达成方式。每人一票是这项共识形式的基石。但是区块链中，每人一票这个最简单的条件反而变得苛刻起来。每个人都可以有无限个比特币地址，想要证明某一个地址之后对应着某一个人难如登天。

是否可以退一步，改成每IP一票？但是这个想法已经在"史前时代"就被证伪了。中本聪在白皮书中明确说明，每 IP 一票很容易受到 DDoS 攻击，网络非常不安全，于是投票在比特币中的表现形式为算力。

而到了 PoS 阶段，出于省电的考虑，算力挖矿又变成了"币龄（Token 数量 × 持 Token 天数）"挖矿。既然现在需要投票决定"准入机制"，又不能用算力、IP 和个人，那为什么不直接用 Token 去投票呢？

于是 BM 与 Charles Hoskinson 一拍即合，创立了比特股（Bitshares），并带来了崭新的 DPoS 机制（2013 年 Bitshares 诞生，当时名为 Protoshares，而 Bitshares 2.0 是 2014 年由 PTS、AGS、DNS 和 Follow My Vote 等几个项目整合而成的）[21]。

DPoS 的全称是 Delegated Proof of Stake，即委托权益证明，早年也译作股份授权证明。在比特股中，系统设计了若干位（目前是 21 位见证人节点，具体数量是由持币者们投票决定的，最低要求是 11 位）见证人节点（witness）。见证人节点按照某种顺序，轮流负责打包区块，获得区块奖励和手续费。

简单来说，在采用 DPoS 共识的区块链（如 Bitshares）中，BTS（Bitshares 中的原生 Token）即"股份"，持有了股份就是这家 Bitshares（如图 1-13 所示）"去中心化公司（DAC）"的股东。任何持股者都可以投票选出见证人来"干活"。

图 1-13　比特股 Logo

Bitshares 这家"去中心化公司"的经营范围很广，DPoS 牺牲了去中心化，但是给 Bitshares 这条公链带来了很高的性能，比特股的性能足以支撑它完成每秒上千笔的转账，大大超过了比特币和莱特币。

这是人们第一次尝试高性能的区块链，这带来了无限的可能，比如用比特股底层开一个去中心化交易所。

中心化交易所大家都很熟悉，知名的有火币（www.huobi.pro）、Coinbase、币安网、Biftinex 和 OKEx 等。但是去中心化交易所又是怎么一回事呢？

人们并没有在最开始就追求去中心化交易所，直到 2014 年，当时世界最大的交易所 Mt.Gox 出现了一桩惊天盗窃案。约有 85 万枚比特币从这家最初致力于"卡牌收集游戏"的交易所被盗走，这些比特币占当时全网比特币的 7% 左右（是的！Mt.Gox，中文俗称门头沟的创始人，当时真的只是想像股票一样交易 Magic：The Gathering Online 的卡片，故缩写为 Mt.Gox。但是后来他发现了比卡牌游戏更有趣的东西——比特币）。

这些被盗的比特币直接诱发了 2014 年漫长的熊市。由于比特币的天生隐私性，这笔钱截至今日也只追回了一小部分。并且由于锁定时间太久，Mt.Gox 目前持有的比特币就像达摩克利斯之剑悬在所有比特币持有者的头上，因为大家不知道这些比特币是否会流入市场抛售，毕竟在被盗冻结的时候，比特币只价值几百美元，而如今一枚比特币的价格高达数千美元。

Mt.Gox 被盗事件发生后，很多人丧失了他们的全部比特币储蓄。人们开始对 Mt.Gox 以及一切中心化交易所感到愤怒，因为中心化交易所没有管好他们的加密资产，如图 1-14 所示。

图 1-14　自称是 Kolin Burges 的加密货币交易员，在 Mt. Gox 失窃之后抗议时拍下的照片（来源：The New York Times）

大家在想一个问题，能不能让用户自己掌握加密货币私钥，然后进行交易链上结算呢？

比特股去中心化交易所提出了自己的想法，在比特股上发行资产，比如发行 BTC. 网关、LTC. 网关，再让它们和真实的 BTC、LTC 产生锚定关系，让社区中知名的有实力的节点作为承兑方进行托管和转换。然后，比特股通过抵押 BTS 的方式发行了比特人民币（BitCNY）和比特美元（BitUSD）。

抵押的过程并不复杂，假如现在 BTS 价值 1 美元，抵押率为 30%，则抵押 100 个 BTS，可以由系统生成 30 个 BitUSD。用户可以随时用 BitUSD 赎回他们的 BTS，以保证系统中的每个稳定币都是有充分抵押物的。但是如果出现了极端情况，比如 BTS 暴跌至 0.3 美元，则用户的抵押物会以折扣的价格提前爆仓，然后再由其他用户来购买并强制平仓。用户虽然没有损失其 30 个 BitUSD，但他会永远失去抵押物。

这样，用户就可以在自己的钱包中存储 BTC.网关、LTC.网关、BTS、BitUSD 等数字资产，每次交易都从链上结算，从而极大地增加了黑客攻击的难度。毕竟，黑客可以定向攻击某一个中心化交易所，但是他们既没有时间也没有能力去攻陷成千上万的每个用户的钱包。

当然网关制度有其弊端，比如网关可能会作恶，也许会被攻击，但是总而言之，整个思路是进步的，是让人感到欣喜的。

比特股是一个不错的构想，但是 BM 并没有陪比特股社区走很远。2015 年年底，在 BTS 手续费升级问题中，BM 的决议被社区以 4∶7 否决。这既证明了 DPoS 社区也有去中心化，又导致了 BM 的灰心丧气。前文说过，BM 非常喜欢撰写文章，bm 在留下一篇大作 "Why？Why？Why？" 之后离开了比特股社区[22]。

BM 以及当时的人们并没有想到，BM 的离开非但没有让 BM 错过，反而让 BM 走向了更绚烂、更广阔的天地，比如 Steem、EOS.IO。

1.2.9 Vitalik 封神，以太坊突进

如果要评选在 2014 年发生的足以改变区块链历史轨迹的两件事的话，其一当属比特股，它带来了 DPoS 和去中心化公司（DAC），其二就是以太坊（如图 1-15 所示），它带来了智能合约、去中心化组织（DAO），以及 2017 年的牛市。

图 1-15　以太坊 Logo

以太坊的创始人名为 Vitalik Buterin，他出生于 1994 年，是一位俄裔加拿大人，还能讲一些中文。他在 13 岁就开始接触编程，并且在很早就听父亲说起

了比特币。随着他的成长，Vitalik 逐渐意识到了中心化的问题。于是，他再次把目光投向了比特币。

Vitalik 在真正了解了比特币之后，非常兴奋，开始为比特币撰写文章。从前文可以看到，任何一个真正了解比特币底层的人都为它的底层所着迷，包括 Vitalik 在内，目前市值前 10 名的区块链项目创始人绝大多数都来自比特币社区。

Vitalik 撰写比特币文章的稿费是 5 BTC，在当时并不多，而如今价值却是 2.5 万美元。这一点 Vitalik 和比他大十几岁的 BM 有相似之处，他们都愿意用长文表达自己的观点。后来，在 2011 年年底，Vitalik 和另一位来自罗马尼亚的比特币爱好者 Mihai Alisie 共同创办了杂志 *Bitcoin Magazine* [23]。

2013 年是比特币第一次从极客圈走向大众的阶段，也是比特币第一个真正意义上的牛市。受到 2008 年美国次贷危机的余波影响以及希腊政府债务危机的冲击，杠杆程度很高的塞浦路斯银行濒临破产，塞浦路斯危机正式爆发[24]。

塞浦路斯银行为了偿还几十亿欧元的国家救助贷款，在万般不得已的情况下，直接使用了储户的资产。所有存有 10 万欧元的储户都被一次性征收 9.90% 的税费，10 万欧元以下的用户则会被征收 6.75% 的税费[25]。

这件事彻底激怒了储户，他们愤怒地走上街头表示抗议。就在这时，有人举出了比特币的标识，真正的去中心化货币不会被任何中心化机构课税。

在法币和银行面临危机之时，比特币迅速吸引了人们的眼球，当然还有其价格飞涨的因素。可以说，塞浦路斯危机就是 2013 年比特币牛市的导火索。

就在 2013 年的比特币牛市阶段，Vitalik 决心从加拿大滑铁卢大学退学，专心从事区块链和比特币行业。2013 年 10 月，他用过去积攒的比特币去了以色列，并遇到了 MasterCoin 等项目。

目前很多人认为 MasterCoin 是历史上第一个真正意义上的 ICO 项目。它的方式很特别，是发行在比特币 OMNI 层上的 Token。MasterCoin 的收发地址都是比特币地址，并且在底层安全性方面基本可以和比特币划等号。这就是当时风靡一时的染色币技术，如今除稳定币 USDT 之外，已无非常活跃的项目。其实原因很简单，因为后来的以太坊上研发出了更强、更快、更便宜的 Token

发行技术。

在看到这些项目正在使用的协议之后，Vitalik 意识到，或许可以在比特币中引入图灵完备的编程语言，这样就可以极大地扩展这些功能。目前，通常概念上的图灵完备是指：如果通过一系列操作数据的规则可以模拟单带图灵机，那么它就是图灵完备的。图灵机是艾伦·图灵在 1936 年提出的一种抽象计算模型，可以将其理解为一种数学逻辑机，理论上它等价于任何有限逻辑数学过程的终极逻辑机器。

换句话说，如果给比特币加入图灵完备的编程语言，比特币将从世界的账本变成世界的计算机！

最初，Vitalik 试图向比特币社区递交这个提案。虽然大家认为很有意义，但是从中本聪还停留在社区之际就能感受到，比特币向往简单的账本功能，不希望变得复杂，因为那样可能会失去比特币赖以维生的强大安全性。所以 Vitalik 的提案并没有被通过，因此，Vitalik 决定亲自去做！这是 Vitalik 的一小步，但却是整个区块链历史的一大步。

世界计算机，去中心化应用平台，未来的百亿美元市值项目——以太坊，正式登场了！

Vitalik 将他的新项目命名为以太坊，并在 2013 年撰写了以太坊的白皮书。这种天才般的想法，先后感召了另外七位联合创始人，他们分别是：Anthony Di Iorio、Charles Hoskinson、Mihai Alisie、Amir Chetrit、Joseph Lubin、Gavin Wood 和 Jeffrey Wilke。虽然在以太坊的官方联合创始人名单中包括更多的贡献者，但是算上 Vitalik 在内的 8 位核心成员是更被社区认可的"以太坊八健将"。

以太坊的白皮书出自 Vitalik，而黄皮书出自另一位天才 Gavin Wood。他们在以太坊从构思到程序开发中有过大量的探讨（当然开发之后的迭代中，社区的探讨更多），由于篇幅有限，这里不再赘述。实际上，从他们的探讨中，可以看出为什么以太坊选择这样或那样的特性，感兴趣的读者可以参看 Vitalik 的博客"A Prehistory of the Ethereum Protocol"[26]。

2014 年 7 月，以太坊的募资正式开始，它募到了约 31 000 个比特币，当时价值约 18 000 万美元。当时社区的很多人并不看好年纪轻轻的 Vitalik。当年

Vitalik 在来中国寻找投资和帮助时,貌不惊人的他还曾被误认为是"为了融资而请来的外国演员"。

但是事实证明,投资以太坊或许是历史上回报最高的买卖之一。以太坊的众筹价格大约是 0.25USD,最高点曾到过 1200USD,涨幅超过 550 000%,目前以太坊仍价值 200USD,如图 1-16 所示,涨幅依然超过 80 000%。

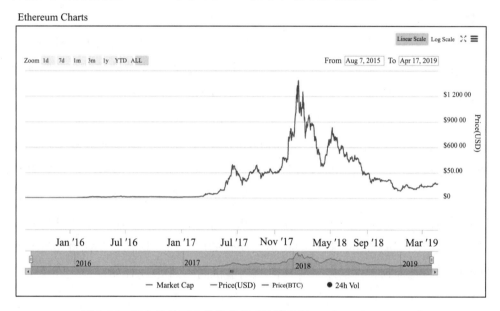

图 1-16　以太坊的历史价格走势(数据来源:coinmarketcap.com)

以太坊为什么能有这么高的涨幅呢?这要归结于以太坊带来的无尽可能。

在过去,无论是比特币还是莱特币,仍然在利用支付这个基础的功能,包括 Ripple 和 Stellar 也只是延伸到了结算领域。

但是以太坊的图灵完备性将另一个"野兽"放出了笼子,那就是智能合约。

什么是智能合约?这个概念最早由 1.1.1 节提到的密码学家 Nick Szabo 在 1995 年提出。智能合约(Smart Contract)是一种以信息化方式传播、验证或执行合同的计算机协议,它允许在无第三方的情况下进行可信、可追踪、不可逆转的交易。

例如,在租房的场景下,违约的情况是非常多的。假如租客和房东签订了一份智能合约,房东和租客就可以把押金锁定在智能合约中,如果租客按期离去，则押金会自动转给租客，如果租客违约，则押金自动扣除并转给房东。

整个过程都是由智能合约自动完成的，没有人可以挪用或者拖欠押金，这相比传统的合同大大提高了效率。由于区块链的账本底层是不可篡改的，这份智能合约也同样无法篡改。

因此，以太坊的区块链+图灵完备智能合约的概念迅速创造了很多区块链的真实场景。

比如，有一个以太坊上的区块链项目，它利用智能合约引入了一种预言机的机制。场景是这样的，在世界杯期间，用户要押注两支球队的胜负。智能合约会根据最终的比赛结果，将下注筹码自动发给获胜者的地址。在这期间，没有中间人抽成，也不会担心中介跑路或者双方不兑现筹码。

再比如，以太坊上另一个名为MakerDAO的项目，利用智能合约设计了抵押借贷机制。用户可以抵押以太币，并且借出一定比例的DAI。1 DAI被设计为等于1美元。当用户把这些DAI通过智能合约归还后，用户抵押的以太币还会回到他自己的地址中去。如果以太币发生了暴跌，其他用户可以用DAI去以略低于市场价的价格，强行购买别人爆仓的以太币。这样，DAI将始终有足够的以太币抵押物，再辅以一些其他的调节机制，因此DAI始终稳定在1美元左右。

MakerDAO在没有任何第三方的情况下，设计了一个近乎完美的去中心化抵押借贷模式和去中心化美元，这就是智能合约的强大之处。

除此之外，基于智能合约，以太坊还将DApp的概念推到了世人面前（如图1-17所示）。DApp的全称是Decentralized Application，即去中心化应用。大家都很熟悉App应用，每天都会在手机等设备上使用，那么DApp是什么呢？

DApp前端和中心化App前端没有区别，有区别的是后端。App使用中心化服务器，比如物理机房或者亚马逊、阿里云等，而严格意义上的DApp没有中心化服务器，它利用区块链作为服务器，智能合约为逻辑。当然，现在由于区块链的性能还有一定的瓶颈，一些DApp可能仅把部分功能上链，部分功能仍然使用中心化服务器。

图 1-17　Ethereum 项目官网的口号就是：以太坊，区块链应用平台

以太坊希望成为一个 DApp 平台，截至撰写本书时，以太坊上已经有上千个 DApp，而且其规模还在扩大中，如图 1-18 所示。

#	DApp 名称	分类	24H 用户	24H 交易数	24H 交易额	7D 交易数	7D 交易额
1	我的加密英雄 (My Crypto Heroes)	游戏	2,337 +0.60%	2,458	0 ¥349 0.00%	16,429	4 ¥4,102 -5.41%
2	IDEX	市场	1,038 +0.29%	9,393	3,198 ¥3,717,931 +0.09%	57,785	23,807 ¥27,899,899 -1.07%
3	质押借 Dai	市场	791 +0.51%	1,379	2,994 ¥3,480,143 +1.83%	10,211	40,155 ¥47,057,992 -3.02%
4	以太星际 (0xUniverse)	游戏	721 +0.84%	5,405	6 ¥7,007 +0.14%	32,338	40 ¥47,121 -1.31%
5	Playtowin.io	抽奖	697 -0.14%	746	137 ¥159,251 -0.04%	6,784	409 ¥478,804 -11.91%
6	区块链萌宠 (Blockchain Cuties)	游戏	694 -0.29%	2,871	3 ¥3,587 -0.45%	11,890	8 ¥9,555 +37.96%
7	ForkDelta	市场	583 0.00%	2,389	526 ¥611,324 +0.10%	14,688	3,591 ¥4,208,281 +3.68%
8	FCK	抽奖	572 -0.69%	4,834	11,956 ¥13,899,461 -0.03%	31,611	88,761 ¥104,020,205 +10.92%
9	Proethers	风险	506 +0.20%	749	1,609 ¥1,870,532 +0.33%	4,523	9,144 ¥10,715,446 -4.82%
10	云斗龙 (HyperDragons)	游戏	431 +1.17%	655	19 ¥22,523 0.00%	4,336	120 ¥140,630 +0.10%

图 1-18　以太坊 DApp 24H 日活 Top10，2019 年 4 月 20 日（来源：dapp.review）

以太坊的成功非一日之功。以太坊的早期版本可以用"拮据"来形容，它甚至没有一个良好的图形操作界面。随着以太坊的不断升级，它的功能也日趋完善。

目前，以太坊已经完成"君士坦丁堡"升级，在此之前，它就已经长期位于加密货币市值第二名，且一度占据比特币市值的一半。如今，它正在朝着 ETH 2.0 的升级目标进发——加入分片技术和 Casper 共识机制。本书后面的章节会详细介绍这两种技术，它们使以太坊的区块链更稳定，性能更高。

在以太坊的版本迭代中，还有一个重要的事件就是"the DAO"。去中心化公司（DAC）的概念已经由比特股风靡一时。在以太坊主网能够正常使用之后，以太坊的支持者也迫切希望建立一个去中心化公司或者去中心化组织（DAO）。

于是，2016 年历史上最知名的 DAO "the DAO"上线了，the DAO 希望成为一个去中心化的 VC，专门给各种区块链项目投资，投资决策当然是由所有参与 the DAO 的"股东"以共同的、民主的投票方式给出。在 the DAO 中，没有 CEO，没有主管和经理，只有所有人的投票。

这看上去非常美好，the DAO 像是一个乌托邦 VC。但乌托邦之所以美好，是因为它完美无瑕。可是从结果上来看，the DAO 绝对不是完美无瑕的。

当时，the DAO 募集了价值 1.5 亿美元的 ETH[27]，占到当时以太坊流通量的很大比例（有推测表示，大多数以太坊社区的人都参与了 the DAO 投资）。每个 the DAO 的投资者都幻想着未来的发展，但是两行代码无情地击碎了他们的所有美梦。

世界上有两件事最令 the DAO 的开发者难过：the DAO 有两行代码上下顺序写反了；黑客率先发现了第一件事。

黑客确实率先发现了这个 Bug，并从 the DAO 的合约里不断地偷取以太坊。但是 the DAO 的开发者却无能为力，因为智能合约一旦被部署到以太坊网络中，就无法更改了。

一方面，黑客偷走 ETH 后在交易所中疯狂地倾售，另一方面，无数 the DAO 投资者却如热锅上的蚂蚁一般束手无策。幸好有一些白帽子团队，利用这个 Bug 紧急从 the DAO 合约中抢救了部分 ETH 出来。

面对黑客的咄咄攻势，以太坊社区想出了一个办法——篡改账本。

以太坊是一个非常伟大的项目，很多人更愿意称之为"回滚交易"，但是事实就是事实，以太坊决心篡改区块链账本。

看到这里，读者应该已经清楚一个概念，即区块链上的资产是依赖账本存在的。"你拥有 5 个以太坊"的真实含义是"在以太坊区块链账本上，某地址曾向你的地址转入 5 个以太坊，而且至今尚未转出"。假如从所有人的以太坊区块链账本上抹掉这一行记录，那你也将不再拥有 5 个以太坊。

以太坊社区决心要做的就是抹掉黑客的转账记录，这样就可以将 ETH 从黑客手中夺回来。这件事引发了极大的讨论。

反对的一派认为：任何人没资格这样做，这违背了去中心化精神，此先例一开后患无穷。

支持的一派认为：黑客是不道德的，而且此事规模太大，我们不得不采用这种极端手段。

双方各执一词，而且更有趣的是，双方阵营也有利益冲突，比如支持的一方往往也投资了 the DAO，而反对的一方中有不少人偷偷购买了黑客抛售的"廉价 ETH 赃款"。

最终，在经过社区投票以及在 Vitalik 等核心人员的带领下，以太坊分叉为两条链。原链不回滚黑客的交易，命名为以太经典（Ethereum Classic，如图 1-19 所示），由社区团队接手开发维护。而新链回滚了黑客的交易，仍然由 Vitalik 等人领导，仍命名为以太坊。

这样，买到了黑客抛售的"廉价 ETH 赃款"的人手中的 ETH 就变成了 ETC，而 the DAO 中被盗的 ETH 被全部追回。没有参加 the DAO 的 ETH 持有者则同时获得 ETH 和 ETC。

追回赃款只是一部分，这次硬分叉带给以太坊乃至整个区块链社区的意义是非常重大的。通过这件事

图 1-19　Ethereum Classic （ETC） Logo

开始意识到，在区块链体系中也是可以"用脚投票"的，任何人都可以随时切换他们所支持的事物。

时至今日，ETH 社区空前繁荣，ETC 社区也生机勃勃。除了对待回滚交易这件事之外，两者的技术迭代之路也有了分歧。ETH 希望转向 PoS，总量没有上限，而 ETC 坚持 PoW，总量趋于某个值。因此，ETC 社区有时也称自己为"真正的、去中心化的以太坊"。

2016 年 7 月，the DAO 事件发生后，ETH 的价格在 12 美元的位置出现了几次波动，但是谁也不会知道，ETH 会在未来的牛市中冲到 1200 美元的恐怖高度。可以知道，这一波牛市正是以太坊催生的，并且随着价格的攀升，在中文网络上，想出以太坊天才构想的 Vitalik Buterin 被直接"封神"，比起 Vitalik，你会看到更多人愿意叫他"V 神"。

2017 年的牛市到来目前有两个公认的原因，一是比特币的减半，二是 ICO。

ICO（Initial Coin Offering）即首次代币发行，源自股票市场的首次公开发行（IPO）概念，是区块链项目首次发行代币，募集比特币、以太坊等通用加密货币的行为。

在 2013 年牛市时，发行新的代币是有门槛的，发行者需要看懂并更改比特币的源代码，且需要吸引一批矿工加入。否则就要使用染色币，但是染色币受制于 OMNI 等协议，使用起来相当不方便。

但是，智能合约的出现直接将发行新的 Token 简化到几行代码。更夸张的是，网络上有教程提供发行 Token 的模板代码，换句话说，只要你能熟练地使用"复制/粘贴"功能，并且拥有价值几美元的 ETH，那么就能在 5 分钟之内在以太坊上发行一个崭新的 Token。假如正确地使用了以太坊规范，你的 Token 安全性将和以太坊达到同一级别，因为以太坊网络以及网络上的所有 ERC-20 Token 的安全性，都是由遍布在世界各地的以太坊矿工保证的（起码在 Casper 共识上线之前是这样的）。

上文提到的几个应用场景，都是最早一批使用以太坊发行新 Token 的项目。截至目前，可以看到以太坊上已经出现了超过 18 万种 ERC-20 Token。而每个

Token 背后可能都有一个"改变世界"的区块链项目和白皮书。

这数万份的白皮书,被推送到各个国家、各种领域的几乎所有投资人和投资机构的桌上。于是,无数热钱涌向了区块链行业,比特币从 1000 美元暴涨到 19 000 美元,以太坊则从 8 美元涨到了 1500 美元。截至目前,最大规模的牛市就在 ETH 的催动下诞生了。

牛市的强烈爆发夹杂着泡沫,冲刷着一轮又一轮的投资者、用户和技术极客。你方唱罢我登场,单单 2017 年的牛市就足以写一部书。但是狂暴的欢娱总会带着狂暴的结尾,在牛市结束后,以太坊的价格大幅回落。

不过,以太坊还有健壮的技术和用户社区,目前以太坊社区也在齐心协力,希望把分片技术、Casper 共识以及 eWASM 虚拟机等新技术引入以太坊 2.0 中,让以太坊的技术更进一步。

1.2.10 匿名币群雄并起

很多不够了解区块链的人都在反复地问同一个问题:区块链的应用到底有什么?我们能不能看到一款杀手级应用?

这个问题其实并不难回答,目前来看,区块链的最大应用是比特币——一种不需要中心化机构的点对点电子现金。但是很多人认为这个答案仍然不够极致。

玫瑰往往带刺,区块链最极致的应用就是伴随着黑暗,比如说匿名币。

在区块链诞生之前,人类几乎没有完成过任何一笔真正意义上的匿名转账,而区块链让这种操作成为现实。

让我们把时间切回 2010 年,软件工程师 Evan Duffield 偶然听说了加密货币,几个月后,他再次看到这个词时,决定深入研究一下。在读了比特币的白皮书后,Evan Duffield 认为这将是"全球性的事件"[28]。

在区块链早期,并没有那么多加密货币可以选择,只有比特币。Evan 积极参与比特币社区的事务和讨论。在讨论中,他发现了一个问题,比特币仍然不够匿名化。

一笔交易的匿名化分为两部分,即人和地址之间以及地址和地址之间。在比特币系统中，人可以拥有无限个地址，而且无须进行实名认证或者注册，因此人和地址之间是绝对匿名的。但是由于比特币的区块链账本是完全公开的，因此地址与地址之间的转账是完全透明的。

当时，比特币社区也发现了这个问题，他们讨论使用混币技术来提高比特币隐私的可能性。

"混币"看起来非常简单，正常的比特币或 DASH 非混币的交易看起来是这样的：

有 1 个地址向另外 1 个地址转账，有些可能还会加入找零地址，大概 1 个 input 和 1~2 个 output。这样的交易相对比较容易追查，并不够隐私。比如在 Mt.Gox 被盗事件中，有的区块链研究人员就从转账记录中一笔一笔地追查到了黑客的蛛丝马迹。

而混币之后，可以将多个用户的交易需求混合在一起，比如 3 个地址同时向另外 3~6 个地址发行 Token。这样的交易就变得极难追查了。

但其中的难点是，同一时间发起转账的用户之间并不认识，甚至彼此无法通信，更谈不上协同合作。在中心化系统中，只要让系统匹配多个用户的需求，并将它们混合在一起就可以完成混币。但是在 BTC 或者 DASH 这样的去中心化体系中，没有"系统"的存在，那么如何才能让几个互不相识的用户将币混在一起发出呢？

Evan 也像 Vitalik 一样，兴致勃勃地向比特币核心开发社区递交了自己实现混币的方案。他的方案就是让一些节点当主节点，由主节点随机负责协助混币。

当然，结局也和 Vitalik 一样，比特币核心社区认为比特币的底层最好保持不变。因此 Evan 经过自己的思考之后，基于比特币设计了暗黑币（Darkcoin）。或许是暗黑币的名字太暗黑了，加之数字现金（Digtal Cash）的概念很火，因此暗黑币很快就改名为达世币（Dash），其 Logo 如图 1-20 所示。

Dash 相比比特币改进了不少。首先它把挖矿算法改成 X11，X11 的意思是有 11 种加密算法串联，即便 ASIC 矿机攻破了某一种算法，也能继续坚持整体上的抗 AISC；其次是在 PoW 矿工之上加入了一些主节点（MasterNode）。

图 1-20　Dash Logo

成为主节点需要抵押 1000 个达世币，并且每年获得 Dash 挖矿产出的 45%。正所谓收获越大，付出越多。主节点虽然不负责出块，但是需要负责 Dash 系统中三项重要的工作[29]。

其一是协助用户进行混币。每次需要混币时，都会通过哈希随机从遍布全世界的几千个主节点中选出若干个主节点，由它们来扮演"系统"的角色去帮用户们混币。其二是帮助用户锁定一些交易 output，实现即时交易。通过这种方式，用户可以 0 区块确认，在几秒之内完成一笔交易。由于负责的主节点仍然是随机选出的，因此他们碰巧认识并联合作恶的可能性是非常小的。其三是参与 Dash 发展的投票。

当然 Dash 的隐私性也有缺陷，比如混币的详情会暴露给参与混币的主节点。再比如，有人诟病主节点让 Dash 看起来不那么"去中心化"。

另一个隐私币的有力竞争者是门罗（Monero）。门罗从骨子里就透着一股强抗审查的精神。

和大多数区块链项目不同，化名为 Nicolas van Saberhagen 的创始人从留下白皮书[30]那天起就一直保持匿名。在这份白皮书中，他详细描述了 CryptoNote 2.0 这个概念，基于此概念诞生了两个币种，一个是 2012 年诞生的历史上首个匿名币种 Bytecoin，另一个则是 2014 年诞生的目前市值最高的匿名币种门罗（当然后面诞生的门罗在很大程度上参考了 Bytecoin 的底层）。

和 Dash 不同，门罗采用环签名的方法来增加其区块链的匿名性。确切地说，门罗的隐私包括三部分：用环签名隐匿了发送者的地址，用秘密地址隐匿了接收者地址，用 RingCT 混淆了交易信息。

环签名并非门罗币的独创，而是诞生于正统的密码学学术界。2011 年，Ron Rivest、Adi Shamir 和 Yael Tauman 三位学者在 SIACRYPT 上发表了一篇名为

"如何泄露秘密"（How to Leak a Secrat）的论文[31]，第一次向世人介绍了环签名的强大之处。

环签名是一种签名方法。假设在一个小组中，每人拥有一个私钥和公钥，他们可以对任意一个事件计算出一个环签名。此时，任何一个人（无论组内还是组外）都可以在不知道任何私钥的前提下，验证这个环签名是否包括组内成员的公钥。

这样说似乎不够直白。有一个著名的例子可以描述环签名，假设有一个皇帝，其一位大臣想要劝谏皇帝但又担心皇帝会怪罪自己，因此在奏折上签了一圈大臣的名字，然后再进行呈递。这样皇帝既可以知道奏折的内容，又无法判断谁是第一个起草这份奏折的。

在门罗中，环签名是这样被应用的。假如 Alice 想给其他人发送交易，又想隐匿自己，则她可以从门罗区块链网络中拉取其他人的签名来组成环签名，进而隐匿自己。由于环签名的验证方法，Alice 既成功地向矿工隐匿了自己的身份，又让矿工能够验证这笔交易是合法的。

门罗最初只应用了环签名技术，后来在比特币核心开发人员 Gregory Maxwell 引入并讨论了 Ring Confidential Transactions（Ring CT）的概念后，Monero Research Labs 于 2015 年也加入了 Ring CT 技术以进一步增强门罗的隐私性[32]。

门罗的抗审查性并不局限于此，在 2018 年，著名的矿机生产厂商比特大陆终于攻克了原版 CryptoNight 加密算法，并研制出了 CryptoNight 算法的 ASIC 矿机，言外之意是让 ASIC 矿机进军门罗。

而门罗抗拒审查，也同样抗拒算力中心化。其社区认为，算力一旦集中，由矿工集团进行的潜在审查就会接踵而至。因此面对来势汹汹的 ASIC 矿机，门罗社区毅然决然地选择了硬分叉，直接改变加密算法，以保持门罗还能通过 CPU、GPU 挖矿的去中心化特性。

为此，门罗分叉为两个币种，一是门罗，二是门罗经典，如图 1-21 所示。门罗经典是仍然支持原有 CryptoNight 加密挖矿算法的币种。

相比两位强力竞争对手而言，ZCash 来得更晚一些。

门罗 Logo   门罗经典 Logo

图 1-21　门罗和门罗经典 Logo

ZCash 的创始人是 Zooko Wilcox-O'Hearn，他是一位密码学家，并且曾是 1.1.1 节提到过的密码朋克（Cypherpunks）社区的成员。他在 2016 年组建了 ZCash 公司，主导开发了 ZCash，如图 1-22 所示。

ZCash 的隐私思路比较独特，它采用了另一种密码学手段——零知识证明。ZCash 的底层来源于比特币，并引入了 zk-SNARK 零知识证明算法。

图 1-22　ZCash Logo

顾名思义，零知识证明是指验证者将在"什么也不知道"（也就是零知识）的情况下完成验证。

这里举一个最基础版的零知识证明的例子。

假设有如下条件：

❑ 事实一：Alice 知道 A 和 B 两个非 1 整数的数值；

❑ 事实二：Alice 知道 A×B=1293051234052410…1281。

此时，Alice 提出了两个需求：

❑ 需求一：Alice 想让第三方的 Bob 确信"Alice 知晓 A 和 B 两个数字是多少"这个事实；

❑ 需求二：Alice 不想把 A 和 B 的具体数值告诉 Bob。

这时，Bob 该如何通过零知识证明验证呢？Alice 和 Bob 需要找到一个函数 F(X)，F(X) 满足：

❑ 条件一：F(X) 有特殊性质，$F(X) \times F(Y) = F(X \times Y)$；

❑ 条件二：从 F(X) 极难倒推出 X 的值。

如果他们找到这样的函数，Alice 可以放心地把 F(A) 和 F(B) 数值给 Bob，Bob 来计算 F(A)×F(B)=F（1293051234052410…1281），如果验证通过，则证明 Alice 极有可能知道 A 和 B 的值。

当然，这样做还不够严谨，假如 Alice 胡乱编两个数 F(C) 和 F(D)，也碰巧等于 F(1293051234052410…1281)，或者 Bob 从 F(A) 强行倒推猜到了 A 的数值，这个证明都会有误。因此，还需要再引入几个偏离值和随机数来混淆对方。比如，Alice 为了防止 Bob 猜出，可以给 F(A×m) 和 F(B÷m)，因为 F(A×m) 和 F(B÷m) 的乘积仍然为 F(A×B)。当然为了防止 Alice 胡编，Bob 也需要给出随机数和偏离值来考验 Alice，进而验证 Alice 所说的话。

这只是一个最简单的零知识证明模型，实际情况下，ZCash 要用零知识证明隐瞒发送和接收 Token 的地址和发送数量，比上述例子要复杂许多[33]。

通过前文可以知道，设置一些随机数的参数是非常必要的。ZCash 系统为了能让 ZCash 更便于使用，内置了一组参数。但是这组参数是需要绝对保密的，一旦被别人破解，则整个系统的零知识证明都将失效。

为此，ZCash 专门组织了两次参数生成的"神圣仪式"，第一次他们邀请了 6 个人，包括 ZCash 基金会成员、密码学家以及一个匿名者，每个人掌握一个"密钥碎片"，合并起来就组成了 ZCash 参数。只要有任何一个"密钥碎片"被销毁了，这个参数将永远无法被外人知晓，而这 6 位富有声望的人是没有任何理由不去销毁这个"密钥碎片"的。

在后续的 ZCash 升级中，为了能够令此参数更加不被外人所知晓，ZCash 邀请了几十人参与这个神圣仪式，只要几十人中有任意一个人遵守了诺言，即在完成仪式后销毁了"密钥碎片"，则该参数将永远无法为外人所知。即便没有一个人遵守诺言，也需要有一个人从这几十人口中骗出"密钥碎片"，这也是难于登天的。

不过 ZCash 也有令人诟病的一面，比如 ZCash 公司最初为自身分配了 20% 的 ZCash，以至于矿工在挖矿时，常称要"交税"。后来为了能够缓解这一问题，ZCash 公司决定拿出其中一半的 Token（即 10%）建立 ZCash 基金会。很多团队也因此尝试去分叉 ZCash，拿掉这 20% 的部分。不过目前看来，由 ZCash 公司负责的这条 ZCash 区块链的更新迭代速度是最快的。在最近的一次升级中，ZCash 已经成功地让过去需要消耗大量时间去生成零知识证明的步骤变得更迅速了。

1.2.11 "黎明女神" EOS 以及以太坊的其他 "对手"

艾奥斯（希腊语为 Ἔως，英语为 Eos）是古希腊神话中的黎明女神，她是太阳神赫利俄斯和月亮女神塞勒涅的姐姐。传说她每到一处，散发着清香的花瓣和玫瑰香的水珠便会坠落在地上成为露水。

黎明女神艾奥斯每天都要用她玫瑰色的手指为她的弟弟——太阳神掀开门帘，也就昭示着黎明的到来。区块链的黎明似乎还没有到来，人们一直在寻找杀手级的 DApp，那么到底谁能为区块链带来真正光明的未来呢？

以太坊作为第一个将智能合约带到区块链世界的项目，显然为未来区块链的大规模落地开了一个好头。但是，就像比特币一样，随着越来越多的人进入区块链行业，越来越多的"改良以太坊"方案也被提了出来，有些建议（以 EIP 形式）已经被以太坊采纳并整合，但是更多的想法并没有，所以从 2015 年开始，智能合约赛道如雨后春笋般诞生了诸多明星项目。

这些项目到底有哪些呢？

如果对本章前面介绍的去中心化公司（DAC）概念感兴趣的话，你应该会记得区块链鬼才 BM。BM 在比特股的一次手续费投票中失败后，黯然地离开了比特股社区。但他并没有灰心丧气，在 2016 年转手创立了区块链内容开源协议 steem，并利用 steem 底层建立了一个博客和社交媒体网站 Steemit，如图 1-23 所示。

图 1-23　Steemit.com 主页

Steemit 可以说是所有区块链内容激励模式的鼻祖级项目,后来几乎所有的区块链内容激励项目,或多或少地都会参考借鉴 Steemit。

steem 仍然和比特股一样采用 DPoS 和石墨烯底层,不同的是,它更专注内容领域,并采用了三种 Token 并行的模型,所有在 Steemit 上撰写的文章都会被记载入区块链,永远无法删除。同时,它创造了一款全新的内容激励形式,持有 steem 的人可以为喜欢的文章点赞评论,持有量越高,点赞的权重就越大,这样文章撰写者就会得到激励池中的 Token 作为物质奖励。

这种评选机制,既有效地遏制了传统点评软件和推荐算法中的刷量因素,又能给文章创作者带来真金白银的物质奖励,因此 Steemit 迅速发展起来,其中知名作者的一篇文章甚至可以赚取上万美元。

2017 年,当 Steemit 运行平稳之后,BM 再次宣布离开。因为他觉得内容分发领域仍然很小,不能囊括各种区块链应用。于是,BM 开启了下一个项目——EOS.IO,如图 1-24 所示。

EOS 的官方全称是 Enterprise Operation System(企业商用系统),缩写恰好对应古希腊神话中的黎明女神。在这个时间点上,EOS 真的会是划破加密货币熊市漫长暗夜的黎明女神吗?

从各种意义上来说,人们常用 EOS 和 ETH 对标。EOS 仍然利用石墨烯底层,加入了智能合约,并加入了一些 BM 的"新想法"。很多人都诟病以太坊速度不够快,转账需要支付 gas。于是 EOS 打出了口号:百万 TPS+ 免费转账。

图 1-24　EOS.IO Logo

2017 年,BM 组建了公司 Block.one,为 EOS 提供技术开发,并从 2017 年年中开启了 EOS 长达一年的众筹。EOS 的众筹很有意思,除了前几天之外,后面将近一年时间内,每天都会释放出 200 万 EOS,并且根据当天收到的 ETH 按比例给投资者分成。此时就出现了一个趣事,EOS 的 ERC-20 Token 已经登陆各大主流的交易所,因此当时的投资者既可以参加 EOS 的一级市场投资,又可以直接在二级市场购买。一年之后,EOS 募集了超过 720 万个 ETH,价值数十亿美元,是募资最多的区块链项目之一。

EOS 针对 ETH 提出的主要解决思路是:

- 替换掉 PoW,改用 DPoS-BFT;
- 引入 CPU、NET 和 RAM 等资源。

EOS 设计了 21 位区块生产者(Block Producer,BP)节点,由他们负责打包区块。他们是由所有持有 EOS 的人投票选举出来的,如图 1-25 所示。同时还有几十位备用节点,也会按照得票高低随时准备顶替 21 位主节点。

Rank	Name	Country/Region	Score Ratio	Voters	Blocks	Rewards (EOS)
1	starteosiobp	China	1.991%	42,518	2,401,205	647.0768
2	eoshuobipool	China	1.942%	80,312	2,543,394	516.7225
3	eoslaomaocom	Japan	1.910%	58,894	2,247,689	650.1134
4	eosflytomars	China	1.851%	35,950	2,026,936	501.5201
5	zbeosbp11111	China	1.849%	39,045	2,529,502	394.0359
6	eosliquideos	Israel	1.801%	65,726	1,909,885	515.7950
7	helloeoscnbp	China	1.773%	47,669	1,060,939	607.4724
8	atticlabeosb	Ukraine	1.769%	23,523	1,684,957	648.8705
9 ↑1	bitfinexeos1	British Virgin Islands	1.719%	52,044	2,517,248	491.7744
10 ↓1	eosnewyorkio	Cook Islands	1.716%	102,279	2,544,141	585.2728
11	eosiosg11111	Singapore	1.691%	34,547	1,749,131	374.9985
12	jedaaaaaaaa	Japan	1.681%	41,564	2,269,660	412.8899
13	eos42freedom	Cayman Islands	1.673%	71,462	2,537,545	643.5957
14	eoscannonchn	China	1.662%	71,726	2,121,549	673.6815
15	eosauthority	United Kingdom	1.583%	103,804	2,341,205	659.3050
16	argentinaeos	Argentina	1.576%	58,678	901,128	454.0879
17	eosswedenorg	Sweden	1.575%	69,716	2,043,382	475.6520
18	eosriobrazil	Brazil	1.572%	71,392	2,175,910	468.7851
19	eosbixinboot	Thailand	1.542%	45,660	1,701,834	343.4486
20 ↑5	eossv12eossv	Cayman Islands	1.542%	25,151	9,535	507.9465
21 ↓1	cochainworld	China	1.537%	16,511	1,646,200	629.0040

图 1-25 EOS 的 21 位区块生产者排名情况,截至 2018 年 4 月 21 日 15:40 GMT+8
(来源:eospark.com)

由于只需要 21 个节点达成共识，因此达成共识的速度大大提升。由峰值测试结果来看，EOS 主网的 TPS 能够达到 7000～9000。同时，由于 EOS 从底层设计上就对侧链友好，因此，假如按照 EOS 主网的 TPS 达到 1 万，再加上 99 条侧链，就可以满足此前百万 TPS 的设想。

以太坊希望成为世界计算机，但是为了能够让用户"有节制"地使用计算机资源，设计了 gas 机制，矿工执行任意一条智能合约都需要消耗一定量的 gas。在 EOS 中，用户转账无须支付手续费，大大降低了日常使用成本。但是为了能够控制用户不滥用区块链内珍贵的资源，用户需要通过抵押 EOS 获取一定量的 CPU 和 NET，通过 Bancor 兑换获取一些 RAM。

其实要理解这种变化很容易，任何一台计算机都有 CPU、带宽（NEW）和 RAM，"世界计算机"也一样。使用 EOS 执行操作也需要消耗这些资源。像 CPU 和带宽，每天都可以恢复，也就相当于免费。RAM 用完即走，可以随时通过 Bancor 协议兑换 RAM 和 EOS。

这里有一个小彩蛋，可以看到从 2010 年 BM 刚加入 Bitcointalk 论坛时，他就曾有过比特币应该加入 CPU、带宽、硬盘等资源的想法。而到了 EOS.IO，BM 终于把这些资源加进去了，可以看出 BM 的整个理念是一脉相承的。

就这样，EOS 通过这些技术亮点，再加上火热的 21 位 BP 竞选，迅速进入了人们的视野。时至今日，EOS 已经成为市值前 10 的区块链项目，总市值达到以太坊的 1/4。

由于区块生产者的存在，EOS 迭代速度非常快，21 个节点就相当于有 21 个团队在为 EOS 工作。当然这是有偿的，EOS 每年会增发 5%，其中的 1% 就是给所有 EOS 区块生产者和候选节点的。EOS 生态也由上述这些区块生产者进行治理，他们甚至还拟定了一个 EOS 宪章。

但 DPoS 或许是一把双刃剑。其积极的方面是大大提高了区块链的性能，使很多 DApp 得以快速发展，在 EOS 主网上线后几个月的时间内，EOS 上的 DApp 已经创造了上百亿的成交额，发展速度远远超过以太坊上的 DApp。

但是另一方面，很多人认为 EOS 不那么去中心化，21 个节点有串通、联盟等行为。比如，有一次某知名 BP 没有及时将黑客列入黑名单，导致用户的

EOS 被盗。

但正如前面所言,区块链是一片黑暗的雨林,谁也不知道出路在什么方向。牺牲部分去中心化也许是一种"退回几步"的行为,但是更好的性能或许能让试错之路走得很远。

除 EOS 之外,还有几条竞争力较强的智能合约公链,比如同样采取 DPoS 的波场、由比特股和以太坊的前任联合创始人 Charles Hoskinson 领导的 Caradano、号称中国以太坊的 NEO、号称欧洲以太坊的 AE 等。

智能合约公链的百花齐放,反映了人们对真正能够使用,能够冲破"不可能三角"的底层区块链的渴望和探索。至于到底哪条公链能够取得最终成功,至今还是一个未知数,但这也正是区块链行业生机勃勃、不断向上的一个缩影。

1.2.12 比特币扩容之争始末

这是本节最后一个要讨论的问题。纵观公有链的发展历史,无数人对比特币提出了自己的建议,但比特币的底层协议只采取了一小部分,剩下的大多数想法都付诸在比特币的衍生项目上,比如莱特币、以太坊、Dash 和比特股等。

但是比特币底层需要改进吗?如果需要的话,要怎么改进?又由谁来改进呢?

在弄清上述问题前,需要先看看比特币生态中的三大角色:

- 用户(所有的持有者、接受 BTC 支付的商家和机构);
- 开发者(包括中本聪、Bitcoin Core 以及所有的比特币协议贡献者);
- 矿工(包括普通矿工、矿机厂商和矿池)。

三者息息相关,缺一不可,但是三者的诉求却有所不同,这就直接导致了后续的比特币扩容之争。

在比特币挖矿过程中,很可能出现两个矿工同时挖到同一高度区块的意外情况,由于网络同步延迟等原因,其余矿工选择哪个区块延续会有不同意见,这就会导致分叉,如图 1-26 所示。在中本聪的比特币白皮书里,提出了对这种意外的解决办法,那就是最长链原则。节点会更新两条链上的信息,一旦其中一条链的区块高度超过另一条,短链就会被舍弃。

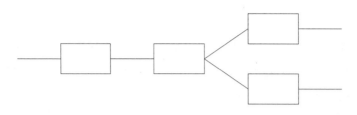

图 1-26　区块分叉示意图

分叉不一定都是由意外引起的，一些区块链的系统升级也要依靠分叉完成。分叉根据是否向前兼容又分为软分叉和硬分叉。如图 1-27 所示，如果新旧版本区块兼容，则为软分叉，如果新旧版本不兼容，就是硬分叉，系统中就会出现两条链。

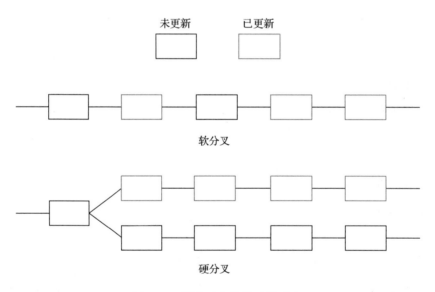

图 1-27　硬分叉和软分叉的对比

硬分叉系统升级要求所有矿工达成一致意见，否则很容易出现分叉出两条链的情况。当矿工们有不同的选择时，结果将是共识分裂，支持不同观点的矿工分别在两条链上挖矿。

因为挖矿难度会随算力调整，比特币系统平均每十分钟出一个区块。为了防止网络受到拒绝服务（DDoS）攻击，中本聪当时把比特币区块大小限制在

1MB 内。这就意味着比特币在 10 分钟内处理交易的数量是有限的，大概每秒只进行 7 笔交易，而 VISA 信用卡每秒可以处理 2000 笔交易。

较低的扩展性（scalability）造成了比特币交易拥堵、转账手续费高等问题，随着接受比特币的人越来越多，这些问题也日益尖锐起来，因此提高比特币的 TPS 一直是社区热议的话题。

比特币社区提出了许多扩容方案，比如扩大区块大小、减小每笔交易记录大小（隔离见证也有此效果）、拓展链下交易（闪电网络）、侧链（RSK）等。核心开发社区本着不分裂社区的原则，谨慎处理这些问题，但是大部分算力并不掌握在开发组手里，要进行升级，还是要听取矿工们的意见。

最早的争执源于是否要将比特币的区块大小从 1MB 调整到 2MB。

开发者分出了不同的队伍部署方案，其中 Gavin Andresen 从 Bitcoin Core（Bitcoin Core 是中本聪制作的比特币钱包的维护团队）分裂出 Bitcoin Classic 开发组支持扩容解决问题，但遭到 Bitcoin Core 开发组多数人的反对。Gavin Andresen 是中本聪指认的接班人，在被 Bitcoin Core 拒绝后，他开始游说中国矿工，决定在算力支持率达到 75% 的时候，将比特币区块大小提高到 2MB。

在未充分协商的情况下强行分裂社区，会对比特币网络稳定造成重大威胁。为了解决这个问题，2016 年 2 月，在比特币基金会的组织下，比特币社区在中国香港地区举行了第一次"中本聪圆桌会议"。在这次会议中，矿工代表们和开发组达成了一个共识，即继续开发推进软分叉"Segwit/隔离见证"，并考虑硬分叉将比特币从 1MB 扩容到 2MB～4MB。

但是这次共识似乎还不够好，很快在 2017 年 5 月，比特币社区的成员们又在纽约举办了大会，希望形成 Segwit + 2MB 区块的共识。但是在这次大会中，矿工和开发者的矛盾出现了，比如 UASF 问题。

纽约共识更加脆弱不堪，三个月后由于 BCH 的诞生彻底宣告作废。2017 年 8 月，在 viaBTC 矿池、蚂蚁矿池、BTC.com 等矿工阵营的支持下，比特币现金（Bitcoin Cash，BCH）通过硬分叉诞生了，如图 1-28 所示。

图 1-28 比特币现金 Logo

比特币现金在比特币的基础上，将区块大小提高到了 8MB（目前已经变成了 32MB），不支持隔离见证和闪电网络，并且继承了此前比特币区块链所有的转账记录（这是与过去其他竞争币的最大不同，比如莱特币的区块链账本是从零开始的）。

直接提高区块大小毫无疑问可以达到立竿见影的扩容效果，但是这样的扩容并不见得是最好的方式。首先，包括比特币在内的任何区块链系统，其链上资源都是宝贵的。如果所有交易都从主链进行，必然会令主链变得拥挤不堪。其次，过大的区块链账本相当于变相提高了全节点的门槛。目前比特币的全节点的账本体积为几百 GB，尚在家庭 PC 能够承受的范围之内。如果账本体积快速提高几十倍，家用 PC 将会彻底丧失存储比特币完整账本的能力，这无疑会损害比特币的去中心化特点。从这个角度来看，多层网络 + 链下结算或许是比特币更好的扩容方式。

当然，比特币现金迈出了尝试性的一步，是很有试错价值的。比特币现金当时有多个开发团队，其中最知名的当属 Bitcoin ABC 和 NChain。

NChain 的核心成员中，有一位开发者名为 Craig S. Wright，中文俗称 CSW。他曾自称是中本聪，并得到了 Gavin Andresen 的认可。但是在后来，人们逐渐发现他无法拿出私钥签名来证实自己的说辞。

这位颇具争议的 CSW 和比特币早期布道者 Roger Ver 都曾力挺比特币现金（BCH），但是比特币现金的发展并没有那么顺利。

通过前文知道，比特币的区块间隔每 2016 块调整一次，使其始终平均约为 10 分钟。2017 年 8 月，BCH 刚分叉结束，并没有很多的算力切换过来，BCH 开发组出于担心，为 BCH 加入了 EDA 机制。在这个机制下，如果若干时间内没有出块，则 BCH 的挖矿难度会降低 20%，最多降低 6 次。

由于 BTC 和 BCH 均使用 SHA-256 加密算法，因此其矿机是共用的。很多矿工发现了 EDA 漏洞这个窍门，那就先故意不挖 BCH 而挖 BTC，让 BCH 出块时间拉长，并在 EDA 调节下变得简单，等到 BCH 难度连降 6 次之后，再集中将算力切换过来以大量爆块（区块间隔远低于 10 分钟）。

这样的挖矿方式持续了一段时间，当时 BCH 的区块平均间隔远小于 10 分钟，因此在补丁被修复之前，BCH 的区块长度已经超越 BTC。但是请注意，最长链法则只在意外分叉时生效。

后来又发生了一件事，2018 年 11 月，BCH 社区最知名的开发团队之一 Bitcoin ABC 提出了比特币现金 0.18 版客户端提案，并在 2018 年 11 月 15 日进行一次"硬分叉式"的客户端升级。0.18 版最重要的特性包括：用规范交易排序（CTOR）替代拓扑交易排序（TTOR），激活 OP_CHECKDATASIG 和 OP_CHECKDATASIGVERIFY（DSV）两个操作码。

然而 BCH 社区另一知名开发团队 NChain 却提出了另一个提案，即 Bitcoin SV。Bitcoin SV 主张：将版本退回到 0.1 版并永久锁定，同时将区块扩容到 128MB；激活 OP_MUL、OP_INVERT、OP_LSHIFT 和 OP_RSHIFT 四个操作码[34-35]。

没错，NChain 团队又提出了新的扩容思路，其主张更大的区块（由矿工制定）和更固定的协议（以后不再轻易更改）。BCH 社区自此分流成两股，一股继续支持 Bitcoin ABC 维护的 BCH，一股则转而支持 NChain 主导的 BSV（Bitcoin Satoshi Vision，即"中本聪愿景的比特币"，如图 1-29 所示）。

图 1-29 Bitcoin SV Logo

区块链世界虽然没有硝烟弥漫，但是可以有算力大战。虽然硬分叉并不依照最长链原则，但是 2018 年 11 月发生的 BSV 和 BCH（特指 Bitcoin ABC 团队支持的 BCH）的算力大战仍然让人记忆犹新。双方阵营调集了一切能够调集的算力来争取最长链，似乎拥有最长链就可以获得"真正的 BCH"称号。最终这场算力大战以一个更新补丁结束，两条链不再有受到重放攻击的危险，因此都顺利地存活了下来。

我们没有办法分出到底谁胜谁负，但是市场似乎在暗示着答案：截至 2019 年 4 月 21 日 23:00（GMT + 8），1BTC 价值 1BTC，1BCH 价值 0.05 BTC，而 1BSV 价值仅 0.01 BTC。

扩容没有正确答案，无论是 BTC，还是 BCH、BSV，都必将继续试错下去。

1.3 联盟链的汹涌波涛

1.3.1 引言

2015 年对于联盟链的发展是至关重要的一年。在比特币诞生后的 7 年里，人们陆续探索区块链及其技术发展，或增加新性能，或进行改造，希望能将其应用到更多的场景。世界各大金融机构仿佛嗅到了新的机遇，纷纷开始关注区块链技术。它们认为区块链技术有可能在金融各个领域中发挥巨大的作用，比如减少成本、增加效率等。目前已知的公有链技术存在性能较为低下、数据公开透明、全网记账等特点，无法直接运用到金融领域的场景中。于是金融机构聚集在一起，希望能有组织共同探讨区块链技术的应用落地，因此联盟链的概念应运而生，同时各种联盟组织如雨后春笋般出现。

1.3.2 R3 联盟：区块链金融应用领域的务实派

2015 年 9 月 15 日，世界上最大的分布式账本联盟组织 R3 区块链联盟（以下简称 R3）成立，其致力于研究和发现区块链技术在金融业中的应用。R3 吸引了众多银行加入，截至 2015 年年底，陆续有 42 家世界顶级银行加入，包括巴克莱、瑞士信贷、摩根士丹利、高盛、汇丰、ING 等[36]。

R3 为什么会吸引了这么多顶级银行纷纷加入呢？首先，创始人的背景和人脉是重要原因。R3 背后的公司 R3 CEV 早在 2014 年就已经成立，创始人都是传统金融行业的翘楚，拥有众多银行资源，如图 1-30 所示。创始人兼 CEO David Rutter 有 30 年华尔街顶级机构从业经验，曾经是电子经纪商 ICAP Plc 的 CEO，旗下 BrokerTec 固定收益交易平台和 EBS 外汇交易平台是世界上最大的两个电子化 OTC 交易平台。联合创始人兼 CFO Jesse Edwards 曾是一位服务于多家大型国际金融机构和金融技术公司的投资银行家。联合创始人兼 CMO Todd McDonald 曾在渣打银行担任集团总经理 14 年，担任过全球电子外汇交易主管和美洲外汇主管等职务。

其次，对银行业进行区块链的探索是 R3 的主要愿景。我们知道金融行业（特别是银行业）的需求有特殊性，必须建立在现有的经济法律框架内，既要做到一定的保密性，又要满足复杂的金融监管标准。于是 R3 针对银行业需求，展开了对区块链技术的测试，探索适合银行的应用落地。

图 1-30　R3 的银行资源

R3 联盟可谓区块链金融应用领域的务实派，成立仅半年，就已经组织进行了多次区块链交易测试，探究在金融业如何应用区块链，具体应用场景包括电子交易、商业票据签发和票据赎回等。

在这里跟大家分享两个比较有名的测试。

- 2016 年 1 月 20 日，R3 联盟宣布进行了首个区块链实验。11 家银行参加了此次测试，包括巴克莱银行、BMO 金融集团、瑞士信贷银行、澳大利亚联邦银行、汇丰银行、法国外贸银行、苏格兰皇家银行、道明银行、UBS 瑞银、意大利联合信贷银行以及富国银行。实验参与者用标记化的资产测试了以太坊的区块链技术系统，从而探索区块链技术在全球私有网络中实时执行金融交易的可能性。
- 2016 年 3 月 3 日，R3 宣布联盟成员中已有 40 家银行成员参与测试了五种不同的区块链基础架构，包括以太坊、Chain、Eris Industries、IBM 和 Intel 的产品，用于发行、交易和赎回固定收益产品。实验参与者评估每项技术如何运行智能合约执行金融交易，帮助发布、二次交易和赎回商业票据等。Microsoft Azure、IBM Cloud 和 Amazon AWS 提供硬件方面的支持。

在不断的测试实践中，2016年4月5日，R3创建了一个名为Corda的分布式账本平台，如图1-31所示该平台专门为金融机构设计，用于记录、管理、同步金融机构间的合约。

Corda的设计灵感与联盟成员的经历息息相关，包括Todd Boyle和Ian Grigg在其论文中关于三式会计（Triple Entry Accounting）的介绍；同时深受区块链系统的启发，包括已有分布式账本平台（例如比特币和以太坊）。在此基础之上Corda又有不少的改进，比如在Corda中数据并非完全公开，只有参与的主体才能看到数据的细节；为了方便监管层的介入，Corda专门预留了监管节点；Corda的系统还明确了自身计算机代码规律和人类法律的关系。总之，Corda摒弃了很多传统区块链设计，更加适用于当前的金融场景。

图1-31 Corda Logo

以往，每个金融机构都以自己的方式维护记录客户和合作方信息的账本，如图1-32所示但我们发现记录的角度不同会导致账本信息不一致，对同一笔交易双方认知存在偏差，若机构之间想进行对账、核算、纠错等操作，将面临巨大的花费。Corda的到来提供了一个新的机遇，下面将Corda在白皮书中表达的愿景翻译成中文：

"我们的愿景是希望构建机构间安全地共享记录的权威性系统。通过建立和完善一个记录金融事务和处理商业逻辑的共享平台，为金融组织间的经济往来创造条件：一个具有权威性可记录企业间所有协议的唯一全局逻辑账本。这种架构将会为业界建立全新的共享平台，在该平台上，新加入者和第三方可以竞相发布创新式的产品和服务。"[37]

正如R3的首席工程师詹姆斯·卡莱尔（James Carlyle）在接受路透社采访时所说："我们希望其他银行和其他各方利用平台上的产品进行创新，但不希望每个人都创建自己的平台……因为我们最终会遇到许多无法沟通的障碍，如果在一个平台上有很多产品，那么我们会得到一些更像互联网的东西，可以继续创新，并且可以相互沟通。"

Corda的设计思路对后面讲到的Hyperledger Fabric有一定影响，它也参与了对后者的建设。

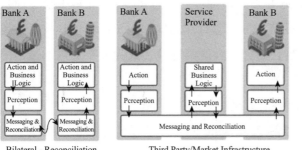

图 1-32　世界上的参与者如何共享和管理自己的记录

1.3.3　Hyperledger Project：区块链金融应用领域的技术派

Hyperledger Project，即超级账本项目，以下简称 Hyperledger，于 2016 年 2 月正式创立，是 Linux 基金会主导的推进区块链数字技术和交易验证的开源项目，旨在构建一个面向企业应用场景的开源分布式账本技术平台，成为跨行业的区块链技术标准，如图 1-33 所示。

Hyperledger 的前身是开放式账本项目（Open Ledger Project），由 Linux 基金会组织于 2015 年 12 月发起，最初是想用来改善比特币的底层技术，同年年底，IBM 宣布加入该项目，并为项目取了一个响亮的名字——超级账本[38]。

一个项目的成功与否与项目领导者息息相关。2016 年 5 月，为人所瞩目的布莱恩·贝伦多夫（Brian Behlendorf）加入 Linux 基金会并被指定为执行总监，主管开源区块链项目 Hyperledger 的开发和运作，如图 1-34 所示。

图 1-33　Hyperledger 项目 Logo　　　图 1-34　Linux 基金会执行总监

Linux 基金会主管吉姆·泽姆林（Jim Zemlin）对他寄予厚望："布莱恩对开源软件的贡献彻底改变了 Web 开发。而如今，他也将为近 10 年来最有前景的技术——区块链做出同样的贡献。布莱恩对开源软件的知识储备和技术敏锐度会使超级账本项目成长为超越任何独立社区的存在，成为分布式账本技术的行业标杆。"

这么厉害的人物，到底是什么来头呢？

布莱恩·贝伦多夫被人们尊称为 Apache 之父，是著名开源软件组织——Apache 软件基金会的首任理事长及创始人之一，其工作成果被万维网上超过一半的网站使用，为早期的万维网打下了牢固的基础。

MIT 媒体实验室的主管伊藤穰一（Joi Ito）对布莱恩赞誉有加，他们认识已有 20 多年，他说布莱恩在自己的专业领域从未失败过。

事实证明，布莱恩没有让人失望。他在接受任命后立即帮助社区制定战略。同年 9 月，他提出了 Hyperledger 伞形架构（The Hyperledger Umbrella Strategy）的商业区块链愿景。在 2016～2017 年里，Hyperledger 技术指导委员会新增了 7 个商业级区块链代码库。企业会员和准会员扩至 200 余名。在 Linux 基金会发起的超过 70 个开源组织中，Hyperledger 是增长最快的项目。

在 2017 年 11 月的一封公开信中，布莱恩表达了他对 Hyperledger 项目的愿景，他希望该项目成为软件开发者社区构建开源区块链和相关技术的摇篮——类似早期的 Apache Web 服务器和 Mozilla 火狐浏览器。

布莱恩的愿景逐步被实现。他一直认为要由软件开发者社区构建区块链框架和平台，同时开放源代码、协作式软件开发方法将有助于区块链技术被主流商业采用。Hyperledger 最早公开了自己的代码。随后众多企业陆续在 HyperLedger 平台上贡献、提交了自己的代码，行业覆盖金融、银行、物联网、供应链、制造、科技等，企业包括埃森哲、IBM、英特尔、R3、摩根大通、荷兰银行、巴黎银行、思科、三星等。目前有超过 250 个不同组织的合作平台，其中在中国已经超过 50 个，包括中信银行、招商银行、民生银行、百度等。

目前，Hyperledger 平台上已拥有众多子项目，可以将其分为两大类，即 Hyperledger 基础设施（Framework）和 Hyperledger 工具（Tool），如图 1-35 所示。

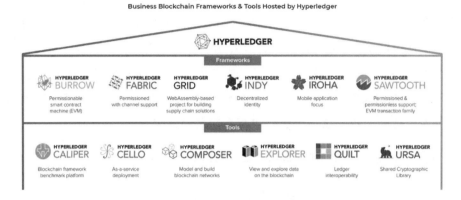

图 1-35　Hyperledger 架构图

该平台上最活跃、最被认可的当属基础设施项目 Hyperledger Fabric。该项目在 2016 年 3 月 21 日的 F2F 黑客马拉松中脱颖而出，其团队来自 Digital Asset、Blockstream 的 libconsensus、IBM 的 OpenBlockchain，旨在推出企业级区块链开源架构方案。和其他公有区块链平台最大的不同之处在于，Hyperledger Fabric 是私有的并且需要授权才能接入。

Hyperledger Fabric 是第一个支持以通用语言编写智能合约的区块链平台，可以使用 Java、node.js 和 Go 语言来编写智能合约。Hyperledger Fabric 中的智能合约称为链码（chain code）[39]。

在联盟链的业务需求中，至关重要的是对于数据隐私保护的要求。那么如何在保证"区块链同一个账本"的前提下，保护交易数据隐私呢？Hyperledger Fabric 借鉴了前面介绍的 Corda 项目的思想，并提出了自己的解决方案。在 Fabric 的架构中，一方面是利用 PKI 技术来对交易方身份与交易数据进行加密，另一方面是利用节点对交易数据进行访问控制，实现交易数据的权限隔离。同时 Fabric 为参与者提供建立 channel 的功能，只有在同一个 channel 中的参与者才能看到账本，而其他不在 channel 中的参与者看不到账本。

1.3.4　国内知名区块链联盟

眼看着国外区块链发展如火如荼，国内各大金融机构、企业等相继组成区块链联盟，共同探究区块链技术的应用。早期的几家联盟组织包括：位于中国互联网核心腹地的中关村区块链产业联盟、由 11 家机构共同发起的中国分布式总账基础协议联盟（ChinaLedger 联盟）、由 20 余家金融机构联合成立的金融区块链合作联盟（深圳）(金链盟)、寻求与微金融结合点的区块链微金融产业联盟、由深圳前海管理局主导的前海国际区块链生态圈联盟、位于陆家嘴的陆家嘴区块链金融发展联盟等。这里主要介绍两个知名的联盟。

中国分布式总账基础协议联盟（ChinaLedger 联盟）

一个声称要复制"R3 模式"的联盟于 2016 年 4 月 19 日成立，全称为中国分布式总账基础协议联盟（ChinaLedger 联盟）。ChinaLedger 联盟的主要任务是结合中国政策法规和中国金融行业独特的业务逻辑，共同合作研究区块链技术，以使其符合中国的政策法规、国家标准、业务逻辑和使用习惯。ChinaLedger 联盟的成员由中证机构间报价系统股份有限公司、浙江股权交易中心、乐视金融、万向区块链实验室等 11 家单位组成[40]。

金融区块链合作联盟（深圳）(金链盟)

随后一个号称"中国的 R3"的区块链联盟于 2016 年 5 月 31 日宣布成立，全称为金融区块链合作联盟（深圳），简称金链盟。金链盟聚焦于区块链在金融方面的应用，它是由深圳市金融科技协会、深圳前海微众银行、深证通、腾讯、华为、中科院等 20 余家金融机构、科技企业、学术机构等组成的非营利性组织。至今，金链盟成员已涵盖银行、基金、证券、保险、地方股权交易所、科技公司六大类行业的 100 余家机构。

2017 年，金链盟推出 FISCO BCOS 开源平台，旨在聚焦区块链应用场景的落地，覆盖范围包括以交易清结算、供应链金融、数据存证、征信、场外市场等为代表的金融应用领域，以及司法仲裁、文化版权、娱乐游戏、社会管理、政务服务等其他行业应用领域[41]，如图1-36所示。

图 1-36　FISCO BCOS 首批成员

联盟链的出现为企业级的区块链提供了和公有链迥然不同的解决方案，与公有链相比，联盟链更加便宜、更加可控，而且没有合规风险，但它不够去中心化。

知史以鉴未来，我们从密码朋克社区写到公有链和联盟链最新一年的变化，从中能够看到人们对于区块链的诉求发生的变化，以及技术的升级，了解技术变迁的来龙去脉之后才能真正了解技术本身，希望本章内容能起到抛砖引玉的作用，帮助更多的人了解区块链技术。

参考资料

[1]　Adam Back. Hashcash[EB/OL]. http://www.hashcash.org/.

[2]　Wei Dai. b-money[EB/OL]. https://nakamotoinstitute.org/b-money/.

[3]　The Genesis Files: If Bitcoin Had a First Draft, Wei Dai's B-Money Was It Aaron van Wirdum[EB/OL]. https://bitcoinmagazine.com/articles/genesis-files-if-bitcoin-had-first-draft-wei-dais-b-money-was-it/.

[4]　Nick Szabo. Secure Property Titles with Owner Authority[EB/OL]. https://web.archive.org/web/20140115142013/http://szabo.best.vwh.net/securetitle.html.

[5]　Nick Szabo. Bit gold [EB/OL]. http://unenumerated.blogspot.com/2005/12/bit-gold.html.

[6]　Jon Swaine. Bank bailout: Alistair Darling unveils ￡500billion rescue package [EB/OL]. https://www.telegraph.co.uk/finance/financialcrisis/3156711/Bank-bailout-

Alistair-Darling-unveils-500billion-rescue-package.html.

[7] Satoshi Nakamoto. Bitcoin: A Peer-to-Peer Electronic Cash System[EB/OL]. https://bitcoin.org/bitcoin.pdf.

[8] Francis Elliott, Deputy and Gary Duncan. Chancellor Alistair Darling on brink of second bailout for banks[EB/OL]. https://www.thetimes.co.uk/article/chancellor-alistair-darling-on-brink-of-second-bailout-for-banks-n9l382mn62h.

[9] Hal Finney. Bitcoin and me[EB/OL]. https://bitcointalk.org/index.php?topic= 155054.0.

[10] Laszlo. Pizza for bitcoins? [EB/OL]. https://bitcointalk.org/?topic=137.0.

[11] Molly Jane Zuckerman. Bitcoin Pizza Guy: Laszlo Hanyecz on Why Bitcoin is Still the Only Flavor of Crypto for Him cointelegraph[EB/OL]. https://cointelegraph.com/news/bitcoin-pizza-guy-laszlo-hanyecz-on-why-bitcoin-is-still-the-only-flavor-of-crypto-for-him.

[12] 自由访问 Internet 的希望：域名币（Namecoin）[EB/OL]. https://blog.csdn.net/lei-wangzhongde/article/details/83313669.

[13] Kai Sedgwick. Bitcoin History Part 5: A Wild Altcoin Appears[EB/OL]. https://news.bitcoin.com/bitcoin-history-part-5-a-wild-altcoin-appears/.

[14] Namecoin. https://namecoin.org/.

[15] 汪晓明. 区块链 3.0（三）：去中心化的域名系统 Namecoin[EB/OL]. https://www.8btc.com/article/84588.

[16] Root Servers[EB/OL]. https://www.iana.org/domains/root/servers.

[17] Charlie Lee. Litecoin price, tweets, and conflict of interest[EB/OL]. https://www.reddit.com/r/litecoin/comments/7kzw6q/litecoin_price_tweets_and_conflict_of_interest/.

[18] Sunny King, Scott Nadal. PPCoin: Peer-to-Peer Crypto-Currency with Proof-of-Stake [EB/OL]. https: //www.cryptoground.com/storage/files/1527488971_peercoin-paper.pdf.

[19] bytemaster, etc. Scalability and transaction rate Red[EB/OL]. https://bitcointalk.org/index.php?topic=532.msg6269#msg6269.

[20] Insti, satoshi, etc. Bitcoin snack machine (fast transaction problem) [EB/OL]. https://bitcointalk.org/index.php?topic=423.msg3819#msg3819.

[21] BITSHARES 2.0 [EB/OL].http://docs.bitshares.org/bitshares/index.html.

[22] HiBlockchain. 币圈人物志 BM（EOS, BTS, Steem 缔造者）[EB/OL]. https://www.hibtc.org/1448.html.

[23] COINTELEGRAPH. Who is Vitalik Buterin[EB/OL]. https://cointelegraph.com/

ethereum-for-beginners/who-is-vitalik-buterin.

[24] Helena Smith, Jill Treanor. Cyprus, crisis and the bank that came back from the brink[EB/OL]. https://www.theguardian.com/business/2016/nov/19/bank-of-cyprus-crisis-back-from-the-brink.

[25] 新浪财经. 塞浦路斯事件的来龙去脉 [EB/OL]. http://finance.sina.com.cn/world/20130325/ 184814945833.shtml.

[26] Vitalik Buterin. A Prehistory of the Ethereum Protocol[EB/OL]. https://vitalik.ca/2017-09-15-prehistory.html.

[27] Paul Vigna. Chiefless Company Rakes In More Than $100 Million[EB/OL]. https://www.wsj.com/articles/chiefless-company-rakes-in-more-than-100-million-1463399393.

[28] Evan Duffield. BIO World Crypto Index[EB/OL]. https://www.worldcryptoindex.com/creators/evan-duffield/.

[29] How Dash Works[EB/OL]. https://www.dash.org/learning-resources/.

[30] Nicolas van Saberhagen. CryptoNote v 2.0[EB/OL]. https://cryptonote.org/whi-tepaper.pdf.

[31] Ron Rivest, Adi Shamir, and Yael Tauman. How to leak a secret, ASIACRYPT 2001[C/OL]. Volume 2248 of Lecture Notes in Computer Science, pages 552–565. https://link.springer.com/chapter/10.1007%2F3-540-45682-1_32.

[32] Brian Curran. What Are Ring Signatures? Providing Privacy for Cryptocurrency[EB/OL]. https://blockonomi.com/ring-signatures/.

[33] pengzuzui. 关于零知识证明 [EB/OL]. https://bitcointalk.org/index.php?topic=4546786.msg41051354#msg41051354.

[34] 袁煜明，马天元. 谁才是真正的比特币现金？BCH 社区或将迎来大规模"算力战争"[EB/OL]. https://research.huobi.cn/detail/230.

[35] Bitcoin-sv. https://github.com/bitcoin-sv/bitcoin-sv.

[36] R3. https://www.r3.com/.

[37] The Corda Platform: An Introduction Richard Gendal Brown[EB/OL]. http://www.corda.net/content/corda-platform-whitepaper.pdf.

[38] LinuxFoundation. https://www.linuxfoundation.org/.

[39] Hyperledger Fabric. https://hyperledger-fabric.readthedocs.io/en/latest/whatis.html.

[40] ChinaLedger. http://chinaledger.com/.

[41] 金链盟. https://www.fisco.com.cn/index.html.

Chapter 2　第 2 章

区块链技术总体架构

2.1　总体架构

从比特币诞生到现在，各类公链平台及应用蓬勃发展，人们对区块链技术的理解和认知也在不断加深。从总体上来看，比较传统的对区块链技术的认知与经典的 7 层网络 OSI 模型有些类似，即区块链基础架构分为 6 层：数据层、网络层、共识层、激励层、合约层、应用层。如图 2-1 所示。

- 数据层：作为整个区块链模型的技术基础，以时间戳的方式组织的块链式数据结构。
- 网络层：负责各个节点之间的网络链接。一般采用 P2P 的链接方式将各个节点 / 账本组织成分布式的网络体系。
- 共识层：负责实现分布式系统中各个账本的数据一致性。

图 2-1　传统的区块链技术分层方式

- 激励层：负责区块链上 token（通证）的发行和分配方式。
- 合约层：负责实现智能合约的功能。智能合约被许多人认为是"电子合同"及区块链 2.0 的标志性技术，为区块链的可编程属性，各个节点在合约层需要按照合约的规则约定执行相应的操作/交易。
- 应用层：分布式的链上应用。与网络模型类似，应用层也是面向最终用户的，以 Web、App、桌面终端等用户交互形式，实现各类业务具体的应用场景。

这种分层方式自提出后一直被业界广泛使用，但随着区块链技术及产业应用的不断深化发展，这一分层方法也逐渐暴露出一些瑕疵。

首先，传统来划分技术的逻辑层次其实并不清晰，例如激励层更多与通证经济模型设计等相关，但未必会涉及技术方面的设计与开发内容，因此将激励层与其他技术层相提并论并不完全合适。PoW 等共识机制在设计时也考虑到了激励。此外，对于联盟链/许可链等无须额外通证激励的设计而言，激励层的存在对于许可链似乎并不那么适用。因此，这种技术划分方式显得更像是专门为公有链量身定制的。

其次，分层的方式本身值得进一步探讨。区块链技术层次划分其实并没有类似于 OSI 网络模型的上下之间的依赖或抽象关系。按照层次方式排列较难自圆其说。最典型的一个例子就是在传统的划分中，数据层在网络层之下，但其实网络并不依赖于数据而存在；如果将科网络层置于数据层之下，也会存在类似的疑问。

最后，一些最新的扩展技术，包括跨链、状态通道、分片等在传统的技术划分中并没有合适的对应体现。

因此在传统划分的基础上，这里提出了一种修改后的区块链划分模型，如图 2-2 所示。

总体上，这种划分方式可被视为"三纵三横"的模式。

最左侧的密码学技术是一切区块链平台的核心理论基础与技术出发点。

中间的 3 层区块链技术栈可被视为区块链技术的核心内容。目前，要实现一个可应用于实际业务场景中的较为完整的区块链平台，应至少包括以下内容。

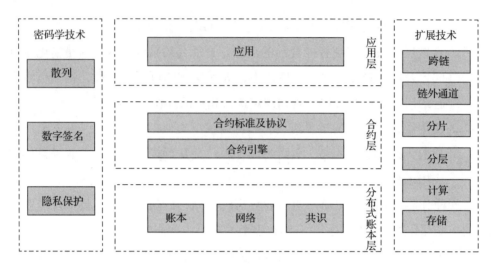

图 2-2　区块链技术模型

- 分布式账本层：区块链或分布式账本的底层基础设施。
- 合约层：基于底层基础设施的应用开发协议。
- 应用层：包括钱包、DApp等在内的基于区块链的人机交互程序。

最右侧是区块链的扩展技术。区块链技术虽然走过了十年的发展历程，但在技术上来看，还没有完全成熟，为了提高可扩展性，包括交易处理性能、存储容量等，还需要对各种扩展技术加以完善。

2.2　密码学技术

首先，我们来看密码学技术。这里并没有将密码学及其相关实现技术作为单独的一层。因为密码学技术是所有区块链运行的理论基础，并且自底向上贯穿了区块链的整个技术栈。底层数据的加密、账户的公私钥配对计算、签名、网络链接使用的各类证书、应用层面的同态加密及多方计算等均离不开密码学的研发和应用，密码学技术是整个加密世界的基础。

2.2.1　非对称加密

加密是为了实现对秘密的保护。所谓秘密就是机密的信息，不能让其他人知道。

非对称加密是密码学中最常用的一类加密算法。它会涉及两个密钥,一个可以公开传递,被称为公钥;另一个必须由用户自己严格保管,被称为私钥。用其中一个密钥进行加密后,只能用唯一对应的另一个密钥才能解密出明文,所以这种加密技术被称为"非对称"加密。

非对称加密的用途很广,是签名、证书等加密技术的基础之一。区块链中最常见的用途是用公钥生成账户地址(因为账户地址需要公开传递);私钥由用户自行保管,作为使用账户的唯一凭证。

2.2.2 哈希函数

严格来说,哈希(Hash)函数,或称为散列函数,是一种信息摘要方法,通过一定的计算,可以将任意长度的数据信息映射为一个特定长度的字符串。

哈希函数可用公式表示如下:

$$h = \text{Hash}(m)$$

其中,m 是消息。它在计算机上的形式可以是一串文字、一个文本文件、一幅图片、一段语音、一个视频等。不过消息量越大,所需要的计算量就越大。h 是哈希值。一般是一个固定长度的字符串。

Hash 是哈希函数。该函数的计算过程一般会很快,但由于计算过程会伴随着信息的丢失,因此其映射过程是单向的。另外,因为是摘要信息,所以一般都会要求两个不同数据的哈希函数映射结果也不同。

由此可以看到,哈希函数具有压缩性、单向性、抗碰撞性、随机性等特点。

哈希函数在日常使用计算机的过程中很常见、用途也比较多,最常见的是用来生成数据的一个唯一特征"指纹"信息。很多时候,在一些站点下载软件时就会看到这类信息,如图 2-3 所示。在网络下载的过程中,由于网络传输不稳定可能会导致程序文件不完整,或者由于黑客攻击等行为导致用户手中的程序遭到恶意篡改。因此,一些网站会主动提供软件程序文件的哈希值;用户下载后也可计算出自己计算机上的文件,并与网站公示的信息进行比较,以此来判断本地的程序文件是否正确、完整。但因为在这些过程中信息都是公开的,所以在用于验证时哈希函数并不算是一种加密算法。

```
Info of ▓▓▓▓s.exe
• MD5: 7843794F488621D180495F3D480BCF02
• SHA1: A322A9177F724C80EB930F44FEBDC37A43A4A556
• SHA256: 69ECB7486AB01CB996E8C43D3432DA010E17C3C4B002BB1E64E580BBA15CFA96
• SHA512:
  2DB4EC5DD2D9DC9FAB08D35FBE3704B476DF63AEF34557389B4A8BB55E8E5CBE7E2AD763C27724DB15DA6146FD0A5345484
  2193C6820CF3AFFAE67F876792FA5
```

图 2-3　某软件的下载界面

在区块链中，哈希函数的应用会更多。例如，在比特币中，在从公钥生成账户地址的过程中就不止一次地用到了 SHA256、RIPEMD 等哈希函数。签名时一般也不会直接对原消息进行签名，而是对哈希后的消息进行签名。这些都是利用哈希函数的压缩性来控制数据量大小。

在 PoW 系统中，工作量证明所称的"工作"也是 SHA256 哈希值的计算。后续的其他 PoW 系统采用了更多、更新的哈希方案。有关具体的哈希算法，可参见第 5 章，其中利用了哈希函数的单向性和随机性。

比特币组织区块所用的 Merkle 树采用的也是逐层依次计算各个区块的哈希值的方式，具体可参见第 3 章。这样的方式使得篡改某一区块的内容变得十分困难。哈希函数的抗碰撞特性，使篡改后的哈希值几乎不可能与原哈希值一致。从这个角度可认为区块链的不可篡改特性是由哈希函数带来的。

2.2.3　数字签名

$$s = \text{Sign}(m, \text{sk})$$

$$\text{Verify}(m, \text{pk}, s) = \text{True/False}$$

其中，m 是消息。和哈希函数类似，可以是各种形式。sk 是用户的私钥。pk 是用户的公钥。s 是数字签名，是一个固定长度的字符串。

Sign 是签名的函数；Verify 是验证签名的函数。只有当 pk 和 sk 是一对公私钥的时候，才会验证通过。因此，通过非对称加密的特性可以知道，攻击者几乎不可能通过一个假的私钥来伪造出一个能通过验证的签名。

由此可以看到，签名函数具有不可伪造和不可抵赖的特性。在区块链中，签名算法主要也从这两个方面来进行身份验证。利用签名函数不可伪造的特点，攻击者几乎不可能冒充签名者、伪造出一个交易信息、伪装成他人来盗用数字资产。而不可伪造的另一面就是不可抵赖。由于其他人均无法伪造签名，也就说明交易的发起方只可能是拥有该私钥的用户，该用户也就无法对交易的存在以及交易的内容（数量、收款方等）进行抵赖。

因此，可以说签名函数实现了用户对其链上资产的绝对控制权。

2.2.4 隐私保护

除基础的哈希函数、签名函数等技术以外，现在密码学主要被用来实现区块链的隐私保护。与加密不同，"隐私"的信息并不要求是十分机密的，反而很多是公开的，例如区块链上的交易记录一般就是全部公开的。而隐私保护是要实现这些可获取的信息与数据相关方之间的关系，例如交易记录与交易收发方之间的关联关系。目前区块链上主要有以下实现方案。

混合技术

混合技术或混币借助主节点将多个用户的多笔交易进行混合，形成单一交易，以实现隐私保护的效果。典型的混合技术项目为达世（Dash）。由于只是进行了信息上混合，其本质上并不算是一种密码学技术。

环签名

每当用户发起一笔交易，该用户会使用自己的公钥与在其他用户的公钥中随机选出的若干公钥来对交易进行签名，以此隐藏发起者的真实身份；同时通过隐匿地址（Stealth Address）技术，保证接收者地址每次都变化，从而让外部攻击者看不出地址关联性。典型项目为门罗。

零知识证明

零知识证明可自动隐藏区块链上所有交易的发送者、接受者及数额信息，只有那些拥有查看密钥的人才能看到交易的内容，用户拥有完全控制权，并可自行选择是否向其他人提供查看密钥。典型项目为ZCash。

同态加密

同态加密是一种加密形式,允许人们对密文进行特定形式的运算后得到仍然是加密的结果;其解密所得到的结果与对明文进行同样的运算结果一样。在区块链领域内可实现保护隐私情况下的计算外包。但同态加密的算法复杂度高,尤其是包括乘法同态在内的全同态实现难度较大。

安全多方计算

安全多方计算主要用来在无可信第三方的情况下,安全地计算一个事先约定好的问题。在区块链领域内可用于分布式(无可信中介)情况下的隐私数据保护。典型项目包括 Platon 等。

2.3 分布式账本

一个区块链平台可以没有虚拟机合约,例如比特币等早期区块链平台,但必须要实现分布式账本协议基础,即至少包括账本、网络、共识等模块功能。

2.3.1 账本

账本,可对应地理解为传统区块链技术层次里的数据层,负责分布式账本的数据存储。

从底层实现来看,主要采用区块+链式的结构方式来组织存储交易数据;近年来还有一些平台采用有向无环图(DAG)的方式来组织交易。

基于底层账本,对交易的组织主要也有两种方式:一种是 UTXO,另一种是账户模式。

2.3.2 网络

网络链接功能是账本得以"分布式"的链接基础,实现一个对等、点对点的 P2P 网络结构。这也是分布式账本与传统中心化系统的核心区别之一。由于没有特殊的中心节点,区块链不依赖于某些中心化节点即可运行,以技术的分布实现业务上的分布。

和传统的 BitTorrent 类似，很多技术可以用于实现一个 P2P 网络，包括 Gossip、Kademlia、NAT 等。目前一些用于组建网络和穿透内网的开发工具（例如 libp2p 等）也被越来越多地用于区块链平台。

2.3.3 共识

共识协议被很多人认为是区块链平台的核心技术之一。因为有了底层账本和分布式网络之后，下一个关键问题就是如何保证各个网络节点之间的账本数据一致。共识的概念在传统分布式系统中也会涉及，例如 Paxos、Raft 等均可实现分布式集群的数据一致，但区块链对共识提出了更高的要求。因为要实现在一个不可信环境下的信任，所以区块链的共识通常都需要做到"拜占庭容错"。从实现思路上，共识主要可分为 Proof-of-X 类共识、BFT 类共识和混合类共识。

Proof-of-X 类共识：基于"彩票"的方式，需要以某种代价或资源来"证明"该节点可以获得一定概率或比率上的记账权。根据所需要提供的证明内容的不同，比较典型的共识包括：工作量证明 PoW、权益证明 PoS、代理权益证明 DPoS、PoA、PoET、空间证明 PoSp 和声誉证明 PoR 等。基于这类记账权机制，各个节点通常还需要按照某种规则（例如比特币的最长链原则等）来达成账本的一致，完成最终的共识。

BFT 类共识：基于"投票"的方式，通过节点间的消息传递与比较判断来达成一致。因此 BFT 类共识达成一致的速度往往较快，并且共识结果具有确定性，但由于需要节点间互通有无，消息传递量较大，当节点规模较大时存在性能问题。典型的 BFT 类共识包括 PBFT、SBFT/Chain、Ring、Zyzzyva、Zyzzva5、CheapBFT、MinBFT 和 OBFT 等。

混合类共识：综合使用 Proof-of-X 共识和 BFT 类共识，将两者进行结合，取长补短，一方面让可参与共识的受众足够广；另一方面，让共识确认速度足够快。典型的混合类共识包括 PoW+BFT、DPoS+BFT、Tendermint、Algorand 等。

2.4 合约

区块链 2.0 阶段的一个重要标志是智能合约概念的实现，可以在区块链分布式账本的基础上，实现去中心的多方参与、规则透明不可篡改、符合条件即可执行的"合约"。

账本数据模块、网络模块以及共识模块可以构成一个最基本的分布式账本系统，但如果要实现一个智能合约，还需要合约层的支持。

在区块链早期，以比特币为代表的区块链网络，更多是以简单脚本的方式实现了一些基本的可编程属性。不过由于脚本自身设计原因，一般可实现的功能有限。

而当前的可编程实现，通常会以某种虚拟机的方式（例如 EVM 等）来实现，进而可形成相对独立的合约层。这实际上是构建了一个基于栈的虚拟运行环境，定义了一套与节点自身环境隔离的环境，屏蔽了每个节点的底层差异，实现不同节点执行合约的相同结果。

对于运行环境更可控的许可链（联盟链、私有链等），也会采用容器方式实现应用逻辑。容器是近年来兴起的、不同于虚拟机的一种新型虚拟化技术。相比于指令有限的 EVM 等虚拟机方式，容器可调用的资源更多。

与此同时，近期也有另一种实现思路，是将合约功能以模块化方式"固化"在链本身对交易的逻辑处理当中。该链可根据应用需要进行相应的功能定制开发，即应用专有链。

2.5 应用

应用层是区块链系统与用户的人机交互程序，具体的应用种类包括钱包、DApp、预言机等。

2.5.1 钱包

作为区块链平台最重要的配套基础设施，钱包是连接区块链系统和用户的关键应用层产品。钱包已从最早的私钥保管与链的基本交互工具发展成为去中心化应用、区块链操作终端等区块链生态入口。例如，钱包可以作为去中心化交易所（DEX）的天然托管工具和交易界面，可被视为 DApp 的身份及资产工具，还可提供 Staking、理财等增值服务，以及作为一个信息终端提供新闻资讯、行情信息等。还有一些钱包（例如 Argent 等）在尽可能地提供用户使用简便性、降低用户门槛。

2.5.2 DApp

基于区块链的智能合约等链上逻辑，去中心化应用运行在区块链上或者一些分布式节点网络上，为用户提供可信任的应用服务，例如最为人熟知的 CryptoKitties 等。

2.5.3 预言机

区块链应用的运行常常需要用到区块链外部的很多数据信息，比如生成随机数的种子来源、天气情况、股票市场价格、汇率、债券价格等。目前备受关注的 DeFi（去中心化金融），很多时候还需要依赖于外部价格信息等输入。

预言机（Oracle）是实现这一需求的工具。预言机可被认为是一个获取外部数据的辅助平台，并且通常需作为区块链系统内一个统一的对外数据调用出入口。

2.5.4 浏览器

除了上述常见工具之外，区块链的运行一般还需要专门的浏览器工具。浏览器可以对整个链的信息进行公开透明化的展示，既包括概括统计类的区块高度、节点数量等信息，也包括可展示出区块链可追溯特性的每个区块的信息、交易过往记录、链上账户详情等特定信息。

浏览器使得用户浏览和查询区块链信息变得公开简便，体现了区块链公开透明的特点，通常也是每个区块链尤其是公有链必备的工具之一。

2.6 扩展技术

随着区块链应用的不断推进,仅实现基本分布式账本和智能合约的"古典"区块链技术已经无法满足各类业务场景日益增长的应用需求,由此诞生了各种用于提高性能和容量的区块链扩展技术。扩展技术与密码学技术类似,贯穿于区块链技术栈的所有层次,在底层账本、网络、共识、合约、应用等不同层面上均有涉及。

按照扩展技术在其实现上的深入程度不同,仍然可以大体上将其划分为若干层。

比较传统的划分方法是将其分为 Layer 1 和 Layer 2。这里更进一步,按照逻辑层次的不同,将其分为 Layer 0、Layer 1 和 Layer 2。

2.6.1 Layer 0

Layer 0 数据传输层改进的主要思路是通过加快全网节点之间的传播速度来提升全网的确认共识。

中继网络

包括比特币在内的很多区块链网络是节点自由连接的一种 P2P 网络。中继网络的思路是建立网络的通信中枢,以此来降低网络通信延迟并提高通信可靠性。一些比较典型的区块链中继网络如下。

- 2014 年,Bitcoin Core 贡献者 Matt Corallo 提出了 Bitcoin Relay Network 的创意。
- 2016 年,Matt Corallo 在 Bitcoin Relay Network 的基础上又提出快速互联网比特币传播引擎(Fast Internet Bitcoin Relay Engine,FIBRE)的改进。
- 康奈尔大学的 Soumya Basu、Ittay Eyal 和 Emin Gün Sirer 研究了 Falcon Relay Net-work,使用"直通路由"(cut-through routing)而不是"存储转发"来减少延迟。

改进协议

改进协议的方式是在中继网络的基础上尝试从 OSI 模型的角度进行优化。包括 Blo-ckchain Distribution Network（BDN）在内的一些项目改进 OSI 的网络传输层等协议。

2.6.2　Layer 1

Layer 1 是对链本身进行改造以提高可扩展性，包括对账本、区块链网络以及共识的改造。

改进数据层 / 账本层

对数据及账本层的改进有多种方式。

- **增加区块大小**：增加区块大小是比较直接的一种方式，最典型的例子是 BCH（比特币现金）。但是，更大的区块会造成更多孤块、分叉产生的风险，影响系统的整体性能和安全性，同时对网络带宽也会提出新的要求。
- **改进区块结构**：在区块大小不变的情况下，可改进区块的结构以容纳更多交易。最典型的例子是比特币的隔离见证（SegWit）。隔离见证是把比特币脚本签名信息从基本结构里拿出来，放在一个新的数据结构中。由于签名的大小不会被计算在交易区块内，隔离见证可以使比特币在不改变区块大小的情况下容纳更多的交易，达到扩容的效果。
- **改进链式结构**：传统区块链使用的是区块之间相互链接形成的链式结构方式来组织交易。一些扩展技术将这种串行方式的分布式账本结构变为了并行方式。最典型的是有向无环图。典型的项目包括 IOTA、Byteball、Hashgraph 和 Conflux 等。

分片

分片（Sharding）是传统数据库领域内的一种技术，它将大型数据库分成更小、更快、更容易管理的部分，以此提高数据库的操作效率。根据分片内容在程度上的递进，通常可分为网络分片、交易分片和计算（状态）分片。实现难度也相应递增。

- **网络分片**：通过利用随机性，网络可以随机抽取节点形成分片，从而控制每片网络的大小，提高片内的处理效率，进而提高总体效率。
- **交易分片**：交易分片的思想是将交易进行预处理，将相干的交易分配到同一个分片内进行验证，而将不相干的交易分到其他分片中验证，最终实现并行处理同时又防止了双花的情况。
- **计算（状态）分片**：计算（状态）分片主要用来并行处理智能合约的计算问题，每个片独立计算自己的工作并进行交叉验证来确保最终结果的一致性。

典型的分片类项目包括以太坊的 Casper、Zilliqa 项目等。

改变共识协议

共识协议决定了区块链的记账方式，也在很大程度上决定了处理性能。例如，比特币所采用的中本聪共识采用工作量证明（PoW）的方式，需要进行大量的计算，效率较低。为了提高区块链的性能/可扩展性，更多的分布式系统的共识协议被引入和研发出来。

具体的共识协议设计可参考第 5 章的内容。

2.6.3 Layer 2

由于 Layer 1 层上能够改进的方向很明确而且比较有限，所以这里将区块链的扩展方案更多地放在了 Layer 2 层。

状态通道

状态通道本质上是在不同用户之间或用户和服务之间建立一个双向通道，为不同实体之间提供状态维护服务。它允许把区块链上的许多操作在链外进行管理，等完成链外操作并经多方签名确认后，才将最终结果上链，所以说，这是一个链上链下互通的扩展性研究方向。链下支付网络通过将大量交易离线处理，同时将区块链作为仲裁平台，处理通道支付过程中的异常情况，比如双方对通道的状态有分歧等，以便间接地提升系统的交易吞吐量。

典型的状态通道项目包括闪电网络、雷电网络、Liquidity Network 和 Celer Network。

侧链 / 子链

利用 SPV 证明，实现了不同区块链之间的可信互通。一般来说，主链不知道侧链的存在，而侧链必须要知道主链的存在。因此可实现在主链保持原有设计不变的情况下在侧链上进行性能扩展。

典型项目为以太坊 Plasma 等。

异构跨链

单一的区块链网络是一个相对封闭的体系，不会主动与外界发生交互，每条链的资产也都是一个独立的价值体系。跨链，狭义上来说是两个相对独立的区块链账本间进行资产互操作的过程；广义上来说是两个独立的账本间进行资产、数据互操作的过程。

典型的跨链项目包括 Polkadot、Cosmos、wanchain 和 NULS 等。

Chapter 3　第 3 章

账　本

3.1　账本模型设计

在传统的银行体系中,几乎每个人在同一家银行都有一个户头,该户头以身份证号作为唯一标识,户头里面可能包含数张银行卡,但卡号是唯一的,每个卡号对应余额的变动代表着该账户资产的变动,也就是说,传统银行系统是使用账户模型来记账的,其核心思想如图 3-1 所示。

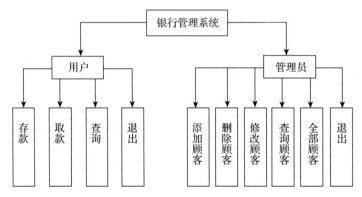

图 3-1　银行管理系统的账户模型简化版

而 2008 年 11 月 1 日,一个化名中本聪的人在网上发表了文章《比特币:

一种点对点式的电子现金系统》[1]；2009 年 1 月，比特币网络上线，中本聪通过挖矿的方式，获得 50 个比特币。比特币使用了一种全新的账本模型，叫作 UTXO（Unspent Transaction Output）模型，也就是未被使用的交易输出。

这里补充一下背景知识，很多人都容易将比特币和区块链混淆，或者不理解为什么谈到区块链就离不开比特币，难道是因为比特币价格增长过快导致的明星效应？真实原因是区块链技术是从比特币的原型中提取出来的，可以说先有了比特币，才有了区块链技术的提炼，所以区块链技术从诞生之日起，就不可避免地带有比特币的影子。

作为最早出现的加密货币，比特币采用了 UTXO 模型作为其账本模型；而在 2013 年年末，一位 1994 年出生的俄裔加拿大少年 Vitalik Buterin 第一次描述了以太坊[2]。不久后，他发表了以太坊白皮书，详细描述了以太坊的技术设计和基本原理，以及智能合约的结构。2014 年 1 月，他在美国佛罗里达州迈阿密举行的北美比特币会议上正式宣布了以太坊，并与 Gavin Wood 博士合作共同创建以太坊。2014 年 4 月，Gavin 发表了以太坊黄皮书[3]，将其作为以太坊虚拟机的技术说明。于是，区块链世界迎来了新的账本模型，即一种更加贴近传统、更加容易理解的账户（Account）模型。

3.1.1　UTXO 模型

比特币交易中的基础构建单元是交易输出，它是比特币不可分割的基础组合，它被记录在区块里并被整个网络验证和认可，比特币的完整节点追踪所有可找到且未使用、可使用的输出，这就是前面提到的 UTXO，所有 UTXO 的集合被称为 UTXO 集。当我们说用户的钱包"收到"比特币时，更精准的表述是用户的钱包检测到了可用的 UTXO，通过控制钱包的私钥，用户可以把这些 UTXO 花费出去；比特币"余额"也是指钱包中可用的 UTXO 集合，它们可能分散在数百个交易和区块之中[4]。

一个 UTXO 可以是 1 聪（中本聪）的任意整数倍，就像法币的最小单位为分，精确到小数点后两位，比特币的最小单位为聪，精确到小数点后八位，即 1 聪 =0.00 000 001 BTC。比特币的交易过程将构成一组链式结构，所有合法的比特币交易都可以向前追溯到一个或多个交易的输出，这些链条的源头都是Coinbase（挖矿奖励），结尾则是当前未花费的交易输出集合。

换而言之，对于比特币来说，UTXO模型追溯了每一笔Coinbase的流向图，Coinbase奖励值等于后续所有UTXO加上所有手续费之和，整个过程可以用图3-2来表示。

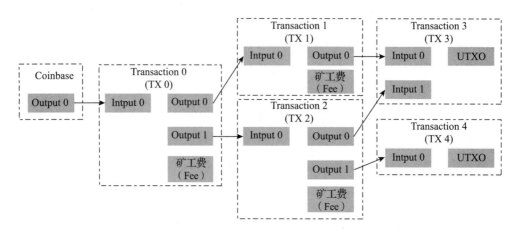

图3-2　一笔Coinbase挖矿奖励流向图（亦可称UTXO追溯图/流向图）

图3-2中反映了以下4个过程。

1）A获得Coinbase挖矿奖励后，将部分BTC支付给B，剩余BTC返回到自己地址；

2）B将收到的A的BTC全部支付给C；

3）A将剩余BTC又部分转给了C，再将剩余的BTC返回到自己的地址；

4）C将从A和B收到的BTC最后全部转回到A。

最终的结果是A将有两个UTXO，一个是A在步骤3中再剩余的BTC形成的UTXO 0；另一个是步骤4中C转给A的BTC形成的UTXO 1。

由上可知，每一笔交易一般可以包含一个或者多个输入（Input），同时这笔交易还会包含一个或者多个输出（Output），两者之间的差值即为矿工费，即该笔交易中：

$$\sum \text{Input} = \sum \text{Output} + 交易矿工费\text{Fee(Gas)}$$

如果得到的 Output 还没有花费出去（unspent），那么就成为我们所说的 UTXO 了；每一笔未花费的 Output 都是一笔 UTXO，对应地址里的所有 UTXO 构成了 UTXO 集合，可以将它类比成一张"整钞"，这个"整钞"的数值取决于该地址里所有的 Input 之和，当"整钞"被花费时，要么全部花完，要么产生"找零"，这个"找零"就是新的 UTXO。

同时，也可以发现在整个交易链上前笔交易和后续相关交易之间也满足以下关系：

$$\sum 前笔交易Output=\sum 后续相关交易Input+前笔交易矿工费Fee(Gas)$$

这样，如果按照当前 Coinbase 挖矿奖励 12.5 BTC 来举例，所有与这笔 Coinbase 相关的 UTXO 集合加上所有矿工费 Fee 即为 12.5 BTC。

为了帮助读者理解，图 3-3 展示了部分具体交易链的展现形式 [4]。

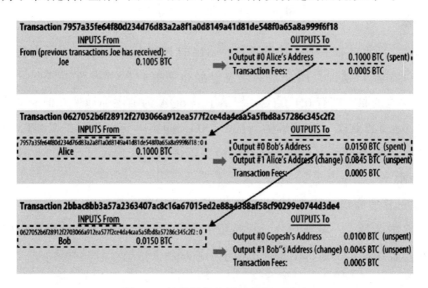

图 3-3　部分具体交易链的展现形式

当然，每个 UTXO 对应的地址是不一样的，对同一个地址的所有 UTXO 求和，结果即为用户账户 BTC 的余额。所以，UTXO 模型记录的是所有交易事件，而不是仅仅记录最终状态，这种特性导致用户需要根据所有的历史记录来为账户计算余额。

下面通过一个实际案例来详细说明 UTXO 模型的交易细节，如图 3-4 所示。

图 3-4　UTXO 模型的交易细节

图 3-4 展示的是一般区块链浏览器给出的 BTC 转账记录，为了方便使用者直观地了解账户情况，所显示的信息已经按照账户模型进行了处理。以 7FK 为结尾的地址原本拥有 0.1 BTC，转给了以 oQA 为结尾的地址 0.015 BTC，手续费为 0.0 005 BTC，右侧即为新的 UTXO，而实际交易界面是以 UTXO 模型进行的，完全不同于上述典型区块链浏览器提供的账户模型，图 3-5 是交易的原始数据。

你是不是惊讶地发现找不到发送者和接收者的地址，也对应不上原始 0.1 BTC 的余额了？其实这才是比特币的真实交易，由输入和输出两个部分组成，浏览器中显示的所有结果为了便于用户理解而进行了计算处理。

一笔合法的交易中，交易输入是一个名为"vin"的数组，图 3-5 中只有一个输入，因为一个 UTXO 已包括足够的值来完成此次付款（0.1 BTC），该输入包含四个元素：

- "txid"表征交易 ID，指向正在使用的 UTXO 交易，图 3-5 中的交易 ID 为 7957a35fe64f80d234d76d83a2a8f1a0d8149a41d81de548f0a65a8a999f6f18。
- "vout"表征输出索引，标识来自该交易的哪个 UTXO 被引用，第一个为 0，图 3-5 所示为对应交易 ID 创建的第一个 UTXO。

```
{
  "version": 1,
  "locktime": 0,
  "vin": [
    {
      "txid": "7957a35fe64f80d234d76d83a2a8f1a0d8149a41d81de548f0a65a8a999f6f18",
      "vout": 0,
      "scriptSig" : "3045022100884d142d86652a3f47ba4746ec719bbfbd040a570b1deccbb6498c75c4ae24cb02204b9f039ff08df09cbe
      "sequence": 4294967295
    }
  ],
  "vout": [
    {
      "value": 0.01500000,
      "scriptPubKey": "OP_DUP OP_HASH160 ab68025513c3dbd2f7b92a94e0581f5d50f654e7 OP_EQUALVERIFY OP_CHECKSIG"
    },
    {
      "value": 0.08450000,
      "scriptPubKey": "OP_DUP OP_HASH160 7f9b1a7fb68d60c536c2fd8aeaa53a8f3cc025a8 OP_EQUALVERIFY OP_CHECKSIG",
    }
  ]
}
```

图 3-5　UTXO 模型交易的原始数据

- "scriptSig"表征解锁脚本，满足放置在 UTXO 的条件，解锁它用于输出，图 3-5 中首先检索引用的 UTXO，检查其锁定脚本，然后使用它来构建所需的解锁脚本来满足此要求。
- "sequence"表征序列号。

仅仅从上面的输入来看，除它引用的交易之外，我们并不能了解该 UTXO 的更多信息，不知道它到底包含多少比特币（0.1 BTC），也不知道设置输出条件的解锁脚本。要得到这些信息，必须检索整个交易来检索被引用的 UTXO，并判断交易是否正常。当该交易被打包广播到网络时，每个验证节点都将检索交易输入中引用的 UTXO 以验证该交易，所以虽然在单个交易中"vin"提供的信息看起来不多，实际上涉及多个交易的多个步骤和数据。图 3-5 中的交易索引下来的 UTXO 如下所示：

```
"vout": [
  {
    "value": 0.10000000,
    "scriptPubKey": "OP_DUP OP_HASH160 7f9b1a7fb68d60c536c2fd8aeaa53a8f3cc025a8 OP_EQUALVERIFY OP_CHECKSIG"
  }
]
```

该 UTXO 的值为 0.1 BTC，同时包含"OP_DUPOP_HASH160…"的锁定脚本。

在这笔合法的交易中，交易输出是一个名为"vout"的数组，其中有两个输出，也就是两个 UTXO，即

- "value"表征一定量的比特币，面值为"聪"。
- "scriptPubKey"表征确定花费输出所需要条件的加密难题（cryptographic puzzle），该加密难题也被称为锁定脚本（locking script）、见证脚本（witness script）或脚本公钥（scriptPubKey）。

所以，一个 UTXO 只能在一次交易中作为一个整体被消耗；一定数量的比特币价值在不同所有者之间转移，并在交易链中消耗和创建 UTXO；一笔比特币交易通过使用所有者的签名来解锁 UTXO，并通过使用新的所有者的比特币地址来锁定并创建 UTXO。

在每一笔合法的交易中，所有输入的 value 之和必须大于所有输出的 value 之和，两者之间的差值就是矿工费，这与前文一致：

$$\text{sum(inputs.value)} = \text{sum(outputs.value)} + \text{fee}$$

基于 UTXO 的交易模型，与我们在日常生活中使用纸币的场景是非常相似的，每一张纸币都是一个不可分割的整体，当想要使用现金购买商品或者服务时，往往都会获得找零：

$$\text{inputs} = \text{price} + \text{change} + \text{fee}$$

在基于 UTXO 的区块链网络中，除了找零（change）很常见之外，将多个 UTXO 整合（consolidate）成一个 UTXO 的操作也比较常见，在 Bitcoin 的网络中，无论当前 UTXO 中有多少钱，每一个 UTXO 的大小都是差不多的，所以在进行大额转账时，往往需要多个 UTXO 作为输入，这样会明显增加交易的大小从而需要花费更多的矿工费。

不难发现，UXTO 模型具有以下特点：

- 交易本身就是链式结构，自证结果，只需要验证节点即可，并不需要对交易进行额外计算，也没有额外的状态存储，大大减轻了系统负担。
- 具有很好的并行支付能力，一笔交易可以包含任意笔输入/输出，也没有

次序要求，即在一笔交易中所有的UTXO前后顺序对换都不影响最终结果。
- 具有很好的可裁剪特性，即从最老的那一笔UTXO开始截断数据库，之前的数据都可以被删除以节省存储空间。

上述三个特点中，交易的Input互不关联，可以使用CoinJoin（混币）技术增加隐私性，同时可以剪裁数据。这些特性便是有名的MimbleWimble隐私协议的核心改进出发点。

当然，UXTO模型也有许多不足之处：
- 当输入较多时，见证脚本也会增多，而签名本身比较消耗CPU和存储空间。
- UTXO模型只能显示已花费或者未花费的状态，只能用于建立简单的一次性合约，没有给需要任何其他内部状态的多阶段合约或者脚本留出生存空间，打个比方，UTXO更像一种二进制控制。
- 从UTXO的脚本只能看到自己这条历史轨迹，无法看到区块链的数据全貌，导致功能性扩展受到限制，不适合实现复杂的逻辑，可编程性差，对于复杂逻辑或者需要状态保存的合约，实现难度大，且状态空间利用率比较低。

3.1.2 账户模型

因为UTXO模型的不足之处导致它只能用于简单的记账系统，所以以太坊采用了更接近传统方式的账户模型。与UTXO模型相比，其账户余额模型更容易理解，整个交易过程就是账户余额变化，所以，以以太坊为代表的账户模型本质上是一个巨大的状态机，体现的是所有账户的状态，每一个账户都包含4个字段（nonce、balance、storageRoot和codeHash），如图3-6所示。

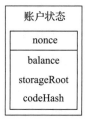

图3-6 账户关键字段[5]

- 随机数nonce，表示账户中成功转账次数；
- balance体现的就是账户的余额；

- 每一个账户的存储根（storageRoot）哈希，表示保存合约的所有数据；
- 代码哈希（codeHash），表示保存合约代码编译后的字节码。

为了防止交易重复进行，每笔交易必须有一个 nonce 数值。nonce 值从 0 开始递增，每发送一笔交易，nonce 便加 1。只有当前面 nonce 值较小的交易处理完成之后才会处理后面 nonce 值较大的交易。

处理 nonce 的规则如下：

- 当 nonce 小于之前已经有交易使用的 nonce 值，交易会被拒绝。
- 当 nonce 大于当前应该使用的 nonce 时，交易会一直在队列中进行等待，直到补齐中间间隔的 nonce 值，才可以执行。
- 当有一笔处于 pending 状态的交易，新的一笔交易与其拥有相同的 nonce 值，如果新交易的 GAS Price 太小，则无法覆盖 pending 状态的交易，如果新交易的 GAS Price 高于原交易的 110%，则原交易会被覆盖。

一般情况下，区块链中的账户模型会包含两种类型：

外部账户（Externally Owned Account，EOA），被私钥控制且没有任何代码与之关联。一个外部账户可以创建交易，来发送消息给另一个外部账户或合约账户，以此来触发转账交易和智能合约的调用、创建。所以，这里介绍的个人账户基本上都是外部账户。

合约账户（Contract Account，CA），被它们的合约代码控制且有代码与之关联。合约账户不可以自己发起一个交易，只能被外部账户调用。所以，合约账户更多是以智能合约的形式展现。

可以用图 3-7 来对比两类账户的特点。

所以进一步，这两种类型的账户之间的关系可以用图 3-8 表示，外部账户凭借私钥签名可以与其他外部账户进行交易，也可以支付足够 GAS 来调用合约账户，而合约账户只能接受调用，不能主动与外部账户进行交易，但可以在代码中嵌套调用其他合约账户。

这里提到了 GAS 的概念，由于 UTXO 只有账户之间的交易，所以 GAS 就是正常的矿工费，而账户模型除交易之外还会有合约的调用，为了防止代码的无限循环和滥用，每笔调用需要对执行代码所引发的计算步骤做出限制，于是账户模型就引入了 GAS 和 GAS Price 两个定义来描述矿工费，即矿工费 = GAS*GAS Price，这里的 GAS 指本次调用时实际花费的 gasUsed，而 GAS Price 指调用时设置的 gas 的单价（gasPrice）。用户在实际使用时，一般会以 GAS Price 和 GAS Limit 的方式显示出来，GAS Price 就是用户设置的愿意支付的单价，而 GAS Limit 是用户愿意花费的 GAS 上限值。

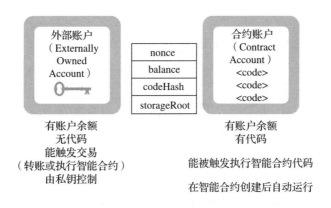

图 3-7　外部账户和合约账户特点对比 [6]

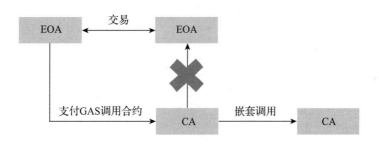

图 3-8　外部账户和合约账户之间的关系

大家可以用油和油箱来进行类比联想，GAS Price 就是客户买油时愿意出的油单价，而 GAS Limit 是油箱的上限值，实际能跑多远要烧多少油就是 gasUsed，GAS Price 是给矿工打包交易时参考的优先级，类似竞价排名，你付的单价越高，矿工赚取的就越多，他们自然会优先处理你发起的交易，这样就形成数值越高处理速度越快。在快的前提下提高 GAS Limit 能够保证调用合约的完整执行；如果 GAS Limit 太小，合约执行到一半就耗尽了，这样既出了矿工费又得不到结果,所以可以适当提高 GAS Limit,但只需要保证代码全部执行完即可,最终会以实际消耗值 gasUsed 来计算。

对于普通交易,GAS Limit 一般有一个最小值,合约的调用会在普通交易的基础上增加执行其他代码的工作量,所以花费会更多,像以太坊在黄皮书中注明了各种交易类型所需要花费的 GAS 值,普通交易为 21 000 wei,其他类型如图 3-9 所示。

APPENDIX G. FEE SCHEDULE

The fee schedule G is a tuple of 31 scalar values corresponding to the relative costs, in gas, of a number of abstract operations that a transaction may effect.

Name	Value	Description
G_{zero}	0	Nothing paid for operations of the set W_{zero}.
G_{base}	2	Amount of gas to pay for operations of the set W_{base}.
$G_{verylow}$	3	Amount of gas to pay for operations of the set $W_{verylow}$.
G_{low}	5	Amount of gas to pay for operations of the set W_{low}.
G_{mid}	8	Amount of gas to pay for operations of the set W_{mid}.
G_{high}	10	Amount of gas to pay for operations of the set W_{high}.
$G_{extcode}$	700	Amount of gas to pay for operations of the set $W_{extcode}$.
$G_{balance}$	400	Amount of gas to pay for a BALANCE operation.
G_{sload}	200	Paid for a SLOAD operation.
$G_{jumpdest}$	1	Paid for a JUMPDEST operation.
G_{sset}	20000	Paid for an SSTORE operation when the storage value is set to non-zero from zero.
G_{sreset}	5000	Paid for an SSTORE operation when the storage value's zeroness remains unchanged or is set to zero.
R_{sclear}	15000	Refund given (added into refund counter) when the storage value is set to zero from non-zero.
$R_{selfdestruct}$	24000	Refund given (added into refund counter) for self-destructing an account.
$G_{selfdestruct}$	5000	Amount of gas to pay for a SELFDESTRUCT operation.
G_{create}	32000	Paid for a CREATE operation.
$G_{codedeposit}$	200	Paid per byte for a CREATE operation to succeed in placing code into state.
G_{call}	700	Paid for a CALL operation.
$G_{callvalue}$	9000	Paid for a non-zero value transfer as part of the CALL operation.
$G_{callstipend}$	2300	A stipend for the called contract subtracted from $G_{callvalue}$ for a non-zero value transfer.
$G_{newaccount}$	25000	Paid for a CALL or SELFDESTRUCT operation which creates an account.
G_{exp}	10	Partial payment for an EXP operation.
$G_{expbyte}$	50	Partial payment when multiplied by $\lceil \log_{256}(exponent) \rceil$ for the EXP operation.
G_{memory}	3	Paid for every additional word when expanding memory.
$G_{txcreate}$	32000	Paid by all contract-creating transactions after the Homestead transition.
$G_{txdatazero}$	4	Paid for every zero byte of data or code for a transaction.
$G_{txdatanonzero}$	68	Paid for every non-zero byte of data or code for a transaction.
$G_{transaction}$	21000	Paid for every transaction.
G_{log}	375	Partial payment for a LOG operation.
$G_{logdata}$	8	Paid for each byte in a LOG operation's data.
$G_{logtopic}$	375	Paid for each topic of a LOG operation.
G_{sha3}	30	Paid for each SHA3 operation.
$G_{sha3word}$	6	Paid for each word (rounded up) for input data to a SHA3 operation.
G_{copy}	3	Partial payment for *COPY operations, multiplied by words copied, rounded up.
$G_{blockhash}$	20	Payment for BLOCKHASH operation.
$G_{quaddivisor}$	100	The quadratic coefficient of the input sizes of the exponentiation-over-modulo precompiled contract.

图 3-9 以太坊 GAS 费用规则

这里 wei 和聪的概念一样,是以太坊的最小计量单位,1 ETH = 10^{18} wei,除 ETH 和 wei 两个常用的单位之外,以太坊还有 Szabo 和 Finney 两个单位,定义为 1 ETH = 10^6 Szabo = 10^3 Finney。

不难发现，账户模型最显著的特点就是在可编程性、灵活性等方面很有优势，即较容易实现图灵完备的智能合约。图灵完备也意味着编程语言可以做到用图灵机能做到的所有事情，可以解决所有的可计算问题。

当然，在实际使用中也出现了 UTXO 和账户模型的混合版本，其本质是在上述两种模型的基础上，采用了特定的组合和设计。由于不是主流，此处不再赘述。

3.2　账本结构设计

在 3.1 节中，主要展现出来的都是一笔笔交易，这貌似和区块链的名字没有任何关系，本节来讲讲如何进行账本结构的设计，把一笔笔交易与区块关联起来。

3.2.1　区块链

可以将区块链抽象成一条无限延展的链条，所有的区块构成这种环环相扣的结构，一旦区块产生便等于增加了一个链环，随着链环的增加，修改早期区块必须破坏这个区块后面的所有结构，难度是不断增加的，这也是区块链的不可篡改属性的本质原理。大家可能听到过回滚的说法，回滚其实就是放弃一段已经生成的区块链而重新生成一段新的区块链，就像铁链被打断后重新链接一样，如图 3-10 所示。

图 3-10　区块链和无限延展的链条

还可以给出另一个比喻来帮助大家理解，也可以将区块链看成具有贪吃蛇功能的火车，火车头就是创世区块，一节节车厢就是一个个区块，车厢之间采用车钩环环相扣，正如哈希指针一样，贪吃蛇无限生长的能力保证了区块链的无限增长，车厢里的一个个乘客就好比一笔笔交易，每个车厢的载荷固定，正如每个区块有容量上限一般。如果进一步扩展，可以将和谐号的监控屏幕类比成区块链浏览器，从监控屏幕能够看到每一节车厢中的乘客和座位位置，从区块链浏览器也可以看到每一笔交易情况及其所在的区块等，如图 3-11 所示。

图 3-11　区块链和火车

当然，真实的区块链是一条长度不断增长的链表结构，主要由区块和哈希指针构成。区块是收纳交易的容器，矿工挖矿所做的事情就是把交易打包到区块中，然后告诉其他矿工："嘿，各位矿友们，这些交易我已经打包在这个块里了，你们不用管这些交易了，继续在我的后面打包其他交易到新的块里吧！"它的结构如图 3-12 所示。

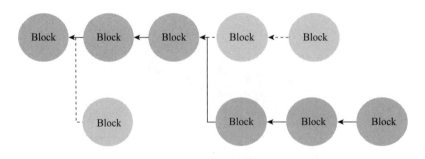

图 3-12　区块链和区块

经典的区块链讲求"最长有效链",那么在实际运作过程中就会存在处于非最长有效链上的区块,这些区块称为"孤块"(Orphan Block),顾名思义,"孤块"是被遗弃的区块;在比特币的世界里,"孤块"是没有任何价值的、会被抛弃的,但是矿工辛辛苦苦花费了电力和设备挖出一个没有任何奖励的"孤块",损失也是挺大的,所以,在以太坊的世界里,"孤块"可以被后续区块通过Uncle字段来收留并获得补偿,如果没有区块收留"孤块",它也只能被遗弃,收留的这些"孤块"就成了"叔块"(Uncle Block);一个区块只能收留两个"叔块",收留"叔块"的区块还被称为包含区块,在以太坊中用ommer表示"叔块"。

3.2.2 区块

由上可知,区块便是区块链的核心主体,一个区块主要由两部分组成,即区块头和由交易列表构成的区块主体,具体可以用表3-1表示。

表3-1 比特币区块整体结构

区块整体结构		说　明
	区块大小(4字节)	用字节表示的该字段之后的区块大小
区块头 (80字节)	区块版本号(ver, 4字节)	区块版本号
	父区块头哈希值(Prev_block, 32字节)	前一个区块头的哈希值
	Merkle根哈希(mrkl_root, 32字节)	交易列表生成的默克尔树根哈希
	时间戳(time, 4字节)	该区块产生的近似时间,精确到秒的UNIX时间戳
	难度目标(bits, 4字节)	难度目标,挖矿难度值
	nonce(4字节)	挖矿过程中使用的随机值
区块主体	交易计数器(transaction counter, 1~9字节)	该区块包含的交易数量,包含Coinbase交易
	交易列表(transactions,不定)	记录在区块里的交易信息

其中父区块头哈希值是构成区块链的核心,它表征着前一个区块头的哈希值,从而构成了哈希指针将所有区块"链接"起来;Merkle根哈希是区块主体的核心浓缩,它是该区块中所有交易构成的哈希二叉树的根哈希值,Merkle树是自底向上构建的数据结构,所以可由最根部搜寻到任何一个在该树中的数据。简而言之,就是通过Merkle根哈希可以搜寻出任何一笔存储在该区块中的

交易，同时又使得区块头存储的数据非常小，只有 32 个字节，为快速验证交易（如 SPV）提供了可能。图 3-13 就是一个完整区块的结构图。

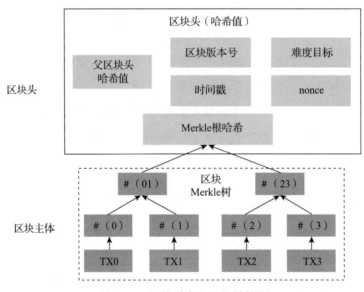

图 3-13　比特币完整区块结构图

因此，可以将区块链的结构浓缩成图 3-14。

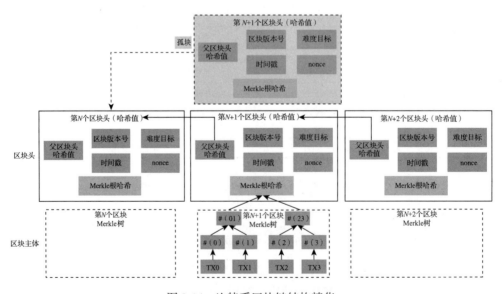

图 3-14　比特币区块链结构精华

整个过程在原始交易中的体现如图 3-15 所示。

```
{
"size" : 43560,
"version" : 2,
"previousblockhash" :
    "00000000000000027e7ba6fe7bad39faf3b5a83daed765f05f7d1b71a1632249",
"merkleroot" :
    "5e049f4030e0ab2debb92378f53c0a6e09548aea083f3ab25e1d94ea1155e29d",
"time" : 1388185038,
"difficulty" : 1180923195.25802612,
"nonce" : 4215469401,
"tx" : [
    "257e7497fb8bc68421eb2c7b699dbab234831600e7352f0d9e6522c7cf3f6c77",

[... many more transactions omitted ...]

    "05cfd38f6ae6aa83674cc99e4d75a1458c165b7ab84725eda41d018a09176634"
]
}
```

图 3-15　比特币原始交易数据

3.2.3　新一代区块典型结构——以太坊

上一小节是以比特币为代表的最经典的第一代区块链结构，而以太坊掀起了第二代区块链技术的浪潮，它的区块链结构比第一代更加复杂，主要体现为在区块的设计上使用状态树、交易树和收据树来记录和追踪交易，同时还增加了 GAS 功能来共同为虚拟机的运行创造条件，除此之外，还增加了叔块设计来增强公平性。具体可以用表 3-2 表示（ommer 表示叔块）。

表 3-2　以太坊区块整体结构

区块整体结构		说　　明
区块头	parentHash	前一个区块头的哈希值
	nonce	挖矿过程中使用的随机值
	timestamp	块产生的时间戳
	ommersHash	两个叔块的区块头哈希值所组成的列表的单向哈希值
	beneficiary	收益地址，160 位

(续)

区块整体结构		说　明
区块头	logsBloom	整个区块日志的 Bloom 过滤器，供查询区块的信息
	difficulty	区块难度，有很多决定因素，由一个公式算出
	extraData	挖矿过程中使用的参数
	number	直系父节点的个数
	gasLimit	gas 上限，比特币通过大小限制区块尺寸，而以太坊使用 gas 上限
	gasUsed	当区块被挖出时，实际的 gas 消耗
	mixHash	挖矿过程中使用的参数
	stateRoot	全局状态根 MPT 的哈希值
	transactionRoot	交易 MPT 树的哈希值
	receiptRoot	收据 MPT 树的哈希值。每一个交易都有一个收据，有多少个交易就有多少个收据。主要包括交易执行后衍生出的信息，包含四部分内容
区块主体	transactions	记录在区块里的交易信息
	uncleHash	叔块头的哈希值（最多两个）

所以，以太坊的完整区块的结构图如图 3-16 所示。

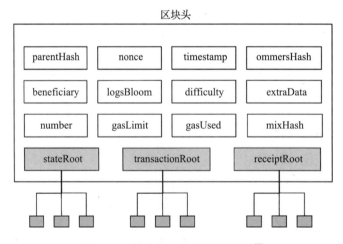

图 3-16　以太坊完整区块结构图 [7]

在以太坊中有两种不同的数据类型：永久数据和暂时数据。永久数据一般是转账：一旦转账确认，就会在区块链中记录，再也不可以更改。而暂时数据一般是以太坊账户地址的余额：当有账户转账的时候，余额就会变动。显然，永久数据和暂时数据的不同特性决定了它们必须分开存储。

所以，以太坊会使用三棵数据树的结构来管理这些数据。

- 状态树（stateRoot trie），树叶是交易影响到的所有账户的状态，即常说的世界状态，它是暂时数据，由一个 Merkle Patricia Trie（MPT，默克尔帕特里夏树）结构构成，它并不存在于链上而是通过存储树（storage trie）存储在节点的 LevelDB 中，我们将在下一小节具体介绍相关存储知识。
- 交易树（transactionsRoot trie），是本区块所有交易组成的 MPT 树，它是永久数据。
- 收据树（receiptsRoot trie），是交易生成的收据的 MPT 树，它也是永久数据。

每一个区块中都有着自己独立的交易树和收据树。一个区块往往包含多笔交易，而交易的顺序由打包交易的矿工来决定，一笔交易和收据的路径通过检索交易和收据在区块中的索引得到，已经被挖矿验证过的区块将永远不会再更新，所以区块中的交易和收据顺序也将固定下来。这就意味着，一旦从区块的交易树和收据树中定位到了某一笔交易，日后就可以通过相同的路径找回它；而状态树中账户全局状态会沿用历史信息，只更新需要更新的一小部分，如图 3-17 所示，Block 175224 中和 Account 175 相关的左边部分都是沿用历史信息，并和右边新的信息组合生成新的状态根哈希[8]。

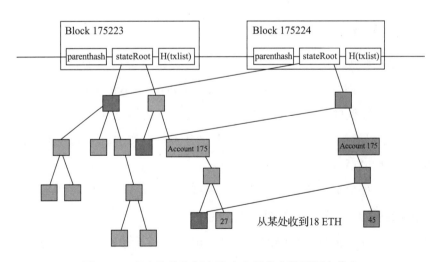

图 3-17　以太坊状态树中账户全局状态沿用历史信息

因此，在以以太坊为代表的第二代区块链结构浓缩成如图 3-18 所示（相关名词解释参见表 3-2）。

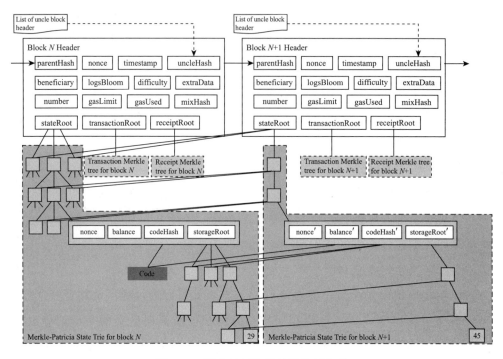

图 3-18　以太坊区块链的结构精华 [9]

3.2.4　有向无环图——DAG

以上两种典型区块链的结构都是基于区块和哈希指针的构成，也是传统的区块链定义；然而，2016 年有两个项目 IOTA 和 Byteball，它们的运作原理完全颠覆了传统的区块链，在狭义上来说，区块链这个名字是不适合它们的，在广义上仍然把它们并入区块链，但是并入更贴切的有向无环图（Directed Acyclic Graph，DAG）类，如图 3-19 所示。

DAG 是一种数据结构，表示的是一张有向图，在这个图中，从任意顶点出发都无法回到该点（无环），如图 3-20 所示。

所以，DAG 将传统区块链的最长链共识改成多条链互证共识，它没有区块概念，不是把所有数据打包成区块，再区块链接区块，而是每个用户都可以提交一个数据单元,这个数据单元里只有交易,数据单元间通过引用关系链接起来,从而形成具有半序关系的 DAG,如图 3-21 所示。

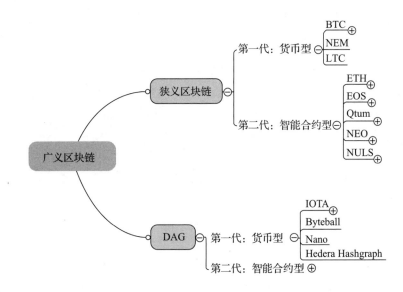

图 3-19　广义区块链划分

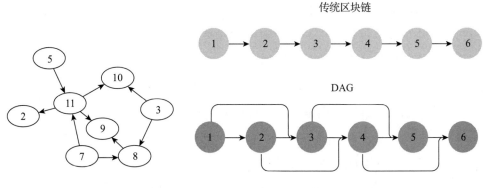

图 3-20　有向无环图 DAG　　　　图 3-21　传统区块链和 DAG 对比 [10]

以 IOTA 为代表的分布式账本平台的交易记录之间形成的是一个有向无环图的关系结构,如图 3-22 所示。

显而易见,传统线性区块链的数据同步机制是同步的,这可能会造成网络的拥堵。DAG 网络采用异步通信机制,允许并发写入,多个节点可以按照不同的节奏同时交易，而不必有明确的先后顺序，因此同一时刻网络的数据可能不一致，但最终会是同步的。这样，基于 DAG 的区块链技术能够大大提升传统区块链技术处理数据的能力，即 TPS（Transactions Per Second）提升显著。

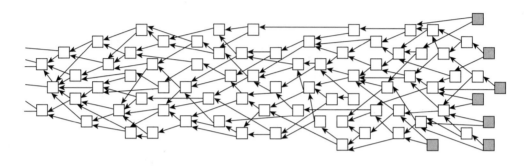

图 3-22　IOTA 结构 [11]

TPS 是一个有成熟定义的计算机术语，代表系统每秒钟能够处理的业务数量，是衡量一个系统吞吐量的核心指标。简单地说，TPS 越高，系统的事务处理能力就越强，就越不容易造成网络拥堵，这在高并发的业务领域和商业级应用场景中有很大的优势。TPS 越低，意味着系统每秒能够处理的事务数量越低，支付系统中的交易速度就会越慢，对应的交易成本也会越高。因为 TPS 是一个量化指标，所以其计算公式是确定的，即：

$$TPS = 系统并发数 / 平均响应时间$$

其中"系统并发数"指系统同时处理事务的最大数量，"平均响应时间"为系统处理一个事务平均花费的时间，所以不论是区块链结构还是传统结构，系统的 TPS 都由系统的并发数和平均响应时间决定 [12]。

这里需要注意的是，传统区块链技术已经是得到了充分验证的技术，如 BTC 是有严格的数学证明的，而且简单易懂，符合简单最伟大原则；而 DAG 作为一个新的方向，虽然有 IOTA 等这种落地项目的时间验证，但毕竟复杂程度升级了，是目前很多人看不懂、无法理解的技术，加上其异步性能和验证方式不一样，导致双花问题、女巫攻击都会更加复杂（如 IOTA 需要验证你交易的其他交易越多，则你交易的确定性越高。当达到一个阈值时，就认为这个交易被确定了。假设当前共有 100 笔交易，其中有 90 笔交易间接确认了你的交易，那你的这条交易就是 90% 确认。如果能造出 100 笔新的交易使得这 100 笔都不间接确认你的交易，那么现在你的交易就变成只有 45% 确认了，这是异步的主要问题），即使像上面所说的 DAG 是多链盘绕网络，在实际项目设计中也要设计主链原则来防范这些问题，安全性和稳定性仍然是一直热议的话题，所以 IOTA 至今仍然不敢轻易移除其中心化协调者，导致其一直被诟病不是真的去中心化项目。

3.3 底层存储的技术实现

前面介绍了区块链的基本结构，下面主要在前面内容的基础上介绍数据存储方式。

3.3.1 区块链的存储方式

以比特币为代表的经典区块链核心客户端使用 Google 的 LevelDB 数据库存储区块链元数据。区块被从远及近有序地链接在这个链条里，每个区块都指向前一个区块。区块链通常被视为一个垂直的栈，第一个区块作为栈底的首区块，随后每个区块都被放置在之前的区块上。用栈来形象化地表示区块依次堆叠这一概念后，便可以使用一些术语了，例如，用"高度"来表示区块与首区块之间的距离，用"顶部"或"顶端"来表示最新添加的区块。

Merkle 树是一种哈希二叉树，它是一种用作快速归纳和校验大规模数据完整性的数据结构，它是区块链技术中主要使用的数据结构原型，在比特币网络中，Merkle 树被用来归纳一个区块中的所有交易，同时生成整个交易集合的根哈希，且提供了一种校验区块是否存在某交易的高效途径。生成一棵完整的 Merkle 树需要递归地对哈希节点（底层是交易哈希处理后的哈希节点）进行哈希，并将新生成的哈希节点插入到 Merkle 树中，直到只剩一个哈希节点，该节点就是 Merkle 树的根。在比特币的 Merkle 树中两次用到 SHA256 算法，因此其加密哈希算法也被称为 double-SHA256。整个过程如图 3-23 所示。

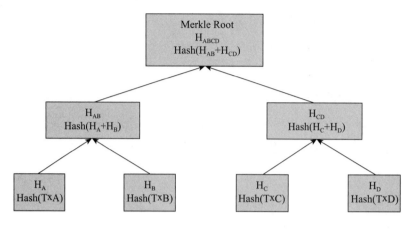

图 3-23　Merkle 树（哈希二叉树）

在 3.2 节曾介绍了比特币区块的结构，不难发现其所有交易都是存储到每一个区块里的，所以按照 BTC 平均每 10 分钟出一个块，每个块大小为 1MB，平均每笔交易的大小为 600 字节，那么每个块平均能够处理 1600 笔交易，即 TPS=1600/（10*60）=2.67，即使是高峰数据统计，比特币的 TPS 也是个位数，很多资料会以 5~7TPS 作为 BTC 的 TPS 值。

3.3.2　新一代存储方式——以太坊

在 3.2.3 节介绍了以太坊的区块结构，它保存着三种树，分别为状态树、交易树和收据树。整个以太坊系统中只有一棵状态树，记录整个以太坊系统的所有账户状态。每个区块保存着一棵交易树，记录该区块的交易情况，一棵收据树用来记录该区块的交易收据。

不同于交易历史记录，状态树需要经常进行更新：账户余额和账户的随机数 nonce 经常会更改，更重要的是，新的账户会频繁地插入，存储的键也会经常被插入和删除。我们需要这样的数据结构，即它能在一次插入、更新、删除操作后快速计算到树根，而不需要重新计算整个树的哈希。Patricia 树具有 Trie 树快速查找的特点，并且比 Trie 树更加节省空间，所以在以太坊中，将 Merkle 树改造成 Merkel-PatricaTrie（MPT）。

状态树中有 4 种节点，分别是空节点（null）、分支节点（branch node）、扩展节点（extension node）和叶子节点（leaf node）。

- 扩展节点：把公共字段（shared nibbles）放到了一起，然后链接到下一个节点。
- 分支节点：因为 MPT 树中的 key 被编码成一种特殊的十六进制表示，再加上最后的 value，所以分支节点是一个长度为 17 的表；前 16 个元素对应着 key 中的十六进制字符，如果有一个 [key, value] 对在这个分支节点终止，最后的 value 就是对应的值。所以分支节点既可以搜索路径的终止也可以是路径的中间节点。
- 叶子节点：key 的最后一位十六进制字符（key-end），value 为对应的值。
- 空节点：简单地表示空，在代码中是一个空串。

具体规则如图 3-24 所示，它表征了状态根哈希（stateRoot）使用 KECCAK256 算法，而具体存储由世界状态树的扩展节点（extension node）、分支节点（branch node）、叶子节点（leaf node）、空节点（null）构成。

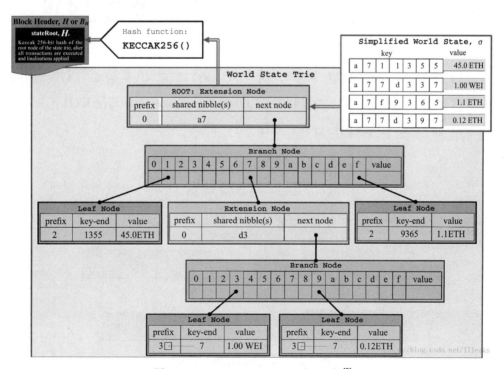

图 3-24　Merkle-PatricaTrie（MPT）[9]

其中前缀（prefix）的定义有 4 类。
- 0：代表包含偶数位公共字段的分支节点。
- 1□：代表包含奇数位公共字段的分支节点。
- 2：代表包含偶数位 key-end 的叶子节点。
- 3□：代表包含奇数位 key-end 的叶子节点。

我们进一步将图 3-24 的存储方式分解，取右上角的 <key, value> 表，如图 3-25 所示。然后一步步将这四组 <key, value> 插入。

1）插入第一个 <a711355, 45.0>，由于只有一个 key，直接用叶子节点表示即可，如图 3-26 所示。

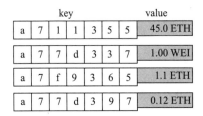

图 3-25　<key, value> 表

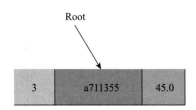

图 3-26　插入 <a711355, 45.0>

2）接着插入 <a77d337, 1.00>，由于和"a711355"共享前缀"a7"，因而可以创建"a7"扩展节点。当然此处 1.00 的单位是 wei，与其他 ETH 不一样，注意即可，不影响梳理执行过程。如图 3-27 所示。

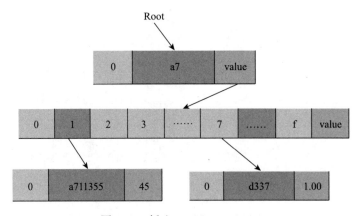

图 3-27　插入 <a77d337, 1.00>

3）继续插入 <a7f9365, 1.1>，也是共享 a7，只需新增一个叶子节点。如图 3-28 所示。

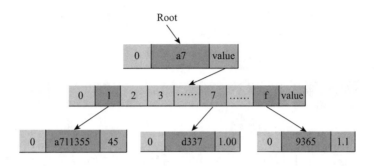

图 3-28　插入 <a7f9365, 1.1>

4）最后插入 <a77d397, 0.12>，这个 key 和 a77d337 共享 a7 和 d3，因而再需要创建一个 d3 扩展节点。如图 3-29 所示。

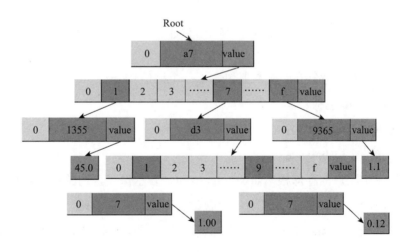

图 3-29　插入 <a77d397, 0.12>

以上即为以太坊默克尔帕特里夏树（MPT）的具体执行过程，MPT 节点中有一个 flag 字段，flag.hash 会保存该节点采用与 Merkle 树类似的算法生成的 hash，同时会将 hash 和源数据以 <hash, node data> 的方式保存在 LevelDB 数据库中，图 3-30 展示了对 value 哈希存储的过程。

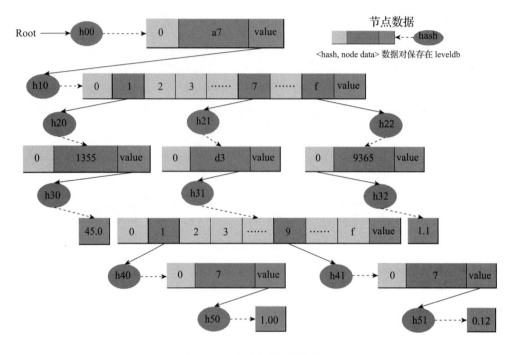

图 3-30　哈希存储过程展示

对于状态树，每个节点基本上包含了一个键值 <key, value> 映射，其中 key 是地址，而 value 包括：

- 随机数 nonce，表示账户中成功转账次数；
- 账户的余额 balance；
- 每一个账户的存储根哈希 storageRoot，表示保存合约的所有数据；
- 代码哈希 codeHash，表示保存合约代码编译后字节码。

状态根哈希（stateRoot）是状态树的根节点经过 KECCAK256 算法后的结果；而在每个节点的键值 <Key, Value> 里还有每个账户的存储根哈希 storageRoot，它是存储树根节点哈希后的结果。图 3-31 反映了它们之间的关系。

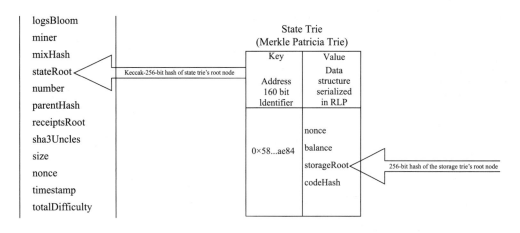

图 3-31 状态根哈希 stateRoot 和存储根哈希 storageRoot 的关系

在介绍账户模型时,我们曾介绍到以太坊分为智能合约账户和普通账户,成功转账次数 nonce 和余额 balance 字段对两个账户都有作用;而保存合约所有数据的 storageRoot 和保存合约代码编译后字节码的 codeHash 只对智能合约账户有用,普通账户中这两个字段为空,图 3-32 就是存储根哈希 storageRoot 的具体结构。

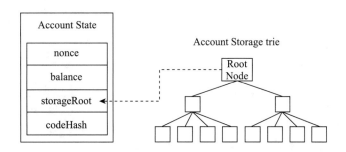

图 3-32 存储根哈希 storageRoot 的具体结构

合约的数据保存在存储树(storage trie)中,正如状态树(state trie)一样,存储树的存储格式同样为键值对,并将根哈希存储在账户中。

至此,以太坊的完整结构可以用图 3-33 表示(相关名词解释见表 3-2)。

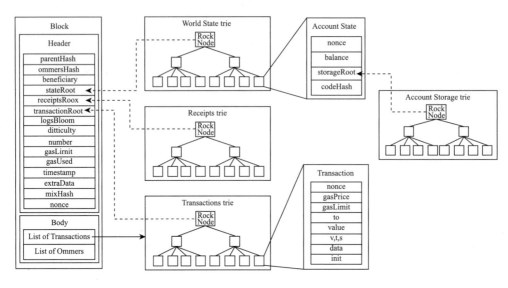

图 3-33　以太坊的完整结构 [5]

3.3.3　链外扩展存储——IPFS

随着技术的发展，云存储也成为人们日常生活中的一部分，云存储是通过网络将大量普通存储设备构成的存储资源池中的存储和数据服务以统一的接口按需提供给授权用户。云存储将存储资源集中起来，通过专门的软件进行自动管理，无须人为参与。

在这样的构想下，未来就如同云状的广域网和互联网，对使用者来讲，云存储不是指某一个具体的设备，而是指一个由许多存储设备和服务器所构成的集合体，如图 3-34 所示。使用者使用云存储，并不是使用某一个存储设备，而是使用整个云存储系统带来的一种数据访问服务。

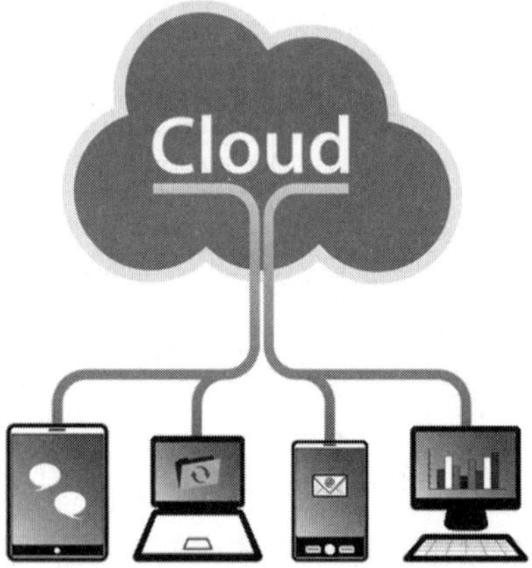

随着时间的推移，主流区块链项目都存在存储数据量增加的问题，如以太坊的全节点存储量截至 2019 年 3 月底已经超过了 150GB，Geth 客户端的存储量会比

图 3-34　云存储架构

Parity 客户端高，如图 3-35 所示。

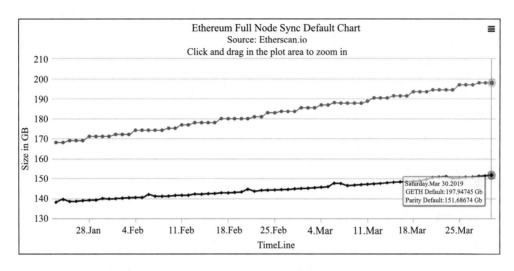

图 3-35　以太坊全节点存储量（数据来自 etherscan.io）

如果考虑到完整存储历史状态数据的档案节点（Archive Node），存储的数据量截至 2019 年 3 月底已经超过了 2TB，Geth 客户端的存储量会比 Parity 客户端高，如图 3-36 所示。

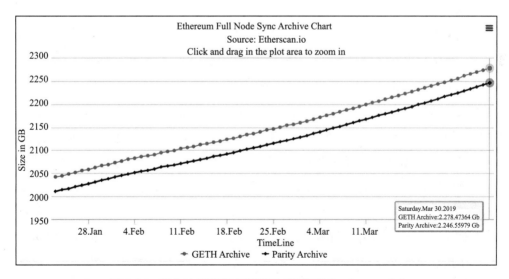

图 3-36　以太坊档案节点存储量（数据来自 etherscan.io）

相对而言，比特币由于 1MB 区块大小的限制，增长速度会比较缓慢，不过存储的数据量截至 2019 年 3 月底也超过了 200GB。比特币的 TPS 处于平均 5～7 的个位数区间，以太坊的 TPS 处于平均 20～30 的十位数区间，可想而知，其他主打高 TPS 的区块链项目数据增长速度会是非常惊人的，对参与的全节点的要求也会更高，这就需要采用其他技术来解决这个问题，云存储就是一个不错的解决方案。

然而，现在的云服务提供商仍然是巨头垄断，采用现有云服务来解决存储问题会大大降低区块链的安全特性，正如主打千位级 TPS 的 EOS 项目在早期竞选超级节点时，有超过 95% 的超级节点服务器运行在云服务器上，包括亚马逊的 AWS 云服务、谷歌云服务、阿里云服务、微软云服务等。所以，在技术探索上，称为区块链技术落地应用的分布式存储的研究就是一个很有意义的方向，其典型代表项目是 IPFS，它是一个将现有的成功系统分布式哈希表（Distributed Hash Table，DHT）、BitTorrent、版本控制系统 Git、自认证文件系统（Self-Certified File System，SFS）与区块链相结合的文件存储和内容分发网络协议，通过共识机制和经济治理来鼓励所有人提供自己的存储空间，目前对这一块的研究仍然处于滞后状态，即所说的 filecoin 设计，最乐观估计是 2020 年上线[13]。

基于 IPFS 的愿景，未来链外扩展存储模式将改变现有全节点存储模式，甚至进一步细化出验证挖矿节点和存储节点的新挖矿模式，当然这要进一步优化区块的结构，将必要的交易信息仍由验证挖矿节点存储能保证更快的验证速度，其他的交易信息由存储节点存储。但目前以以太坊为例，由于区块结构的设计，这一方向的改进不会有太多帮助，只有档案节点（Archive Node）可由 IPFS 来存储。

当然，IPFS 本质上是一种内容可寻址、版本化、点对点超媒体的分布式存储和传输协议，其定位目标是补充甚至取代过去 20 年里使用的超文本媒体传输协议（HTTP），希望构建更快、更安全、更自由的互联网时代。它的文件 / 数据的存储和索引功能，可以将现有的区块链分布式账本与账本对应的文件 / 数据进行关联，将文件 / 数据价值化，推动现有生产关系的变革，尤其是当人的体力活动被 AI 大规模替代的时候，数据价值的体现将由区块链技术配合其他技术来共同实现[14]。图 3-37 为 IPFS 的设计架构。

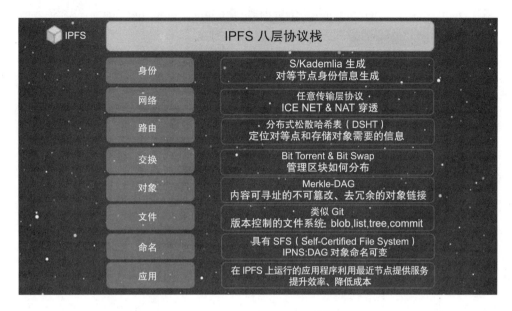

图 3-37　IPFS 设计架构[15]

参考资料

[1] Satoshi Nakamoto. Bitcoin: A Peer-to-Peer Electronic Cash System[EB/OL]. https://bitcoin.org/bitcoin.pdf.

[2] A Next-Generation Smart Contract and Decentralized Application Platform[EB/OL]. https://github.com/ethereum/wiki/wiki/White-Paper.

[3] DR Gavin Wood. Ethereum: A secure decentrlised generalised transaction ledger byzantium version[EB/OL]. https://ethereum.github.io/yellowpaper/paper.pdf.

[4] Andreas M Antonopoulos. 精通区块链编程：加密货币原理、方法和应用开发（原书第 2 版）[M]. 郭理靖，等译. 北京：机械工业出版社，2018.

[5] Lucas Saldanha. Merkle Tree and Ethereum Objects—Ethereum Yellow Paper Walkthrough[EB/OL]. https://www.lucassaldanha.com.

[6] 以太坊的账户（外部账户和合约账户）[EB/OL]. http://c.biancheng.net/view/1935.html.

[7] Preethi Kasireddy. How does Ethereum work, anyway?[EB/OL]. https://medium.

com/@preethikasireddy/how-does-ethereum-work-anyway-22d1df506369, 2017.

[8] Vitalik Buterin. Merkling in Ethereum[EB/OL]. https://blog.ethereum.org/2015/11/15/merkling-in-ethereum/.

[9] Ethereum block architecture[EB/OL]. https://ethereum.stackexchange.com/questions/268/ethereum-block-architecture .

[10] Putin001. "区块链"的两大主流技术——传统区块链技术和 DAG[EB/OL]. https://www.jianshu.com/p/71db5ba5025e.

[11] Serguei Popov. The Tangle[EB/OL]. https://www.iotachina.com/wp-content/uploads/2016/11/2016112902003453.pdf.

[12] 袁煜明, 刘洋. 区块链技术可扩展方案分层模型 [EB/OL]. https://www.jianshu.com/p/03042b472bd1.

[13] Projects[EB/OL]. https://protocol.ai/projects/.

[14] IPFS Documentation[EB/OL]. https://docs.ipfs.io/.

[15] YitaiCloud. IPFS 协议概述 [EB/OL]. https://www.jianshu.com/p/04a48d9a3e35.

第 4 章

网　络

4.1　P2P 网络简介

4.1.1　什么是 P2P 网络

P2P 网络即对等网络、点对点网络，英文为 Peer-to-Peer Network，它是一种无中心服务器、依靠对等节点（peer）交换信息的计算机网络。在 P2P 网络中没有中心服务器，对等节点之间平权。每个对等节点既是一个请求服务的客户端（client），也是一个提供服务的服务器端（server）。

与现在比较流行的中心服务器网络（C/S 模式或 B/S 模式）不同，P2P 网络中没有特殊的中心节点，二者分别如图 4-1 和图 4-2 所示。在中心服务器网络中只要摧毁服务器，网络中的客户端就不能再请求服务，整个网络便不可用了。而 P2P 网络中任意一个对等节点的不可用不会影响其他对等节点间的信息传递，这一点对于区块链网络十分关键。

4.1.2　从 BT 下载看 P2P 网络

上一节介绍了 P2P 网络的基本理论，对于不太熟悉 P2P 网络的读者来说，这可能不容易理解。这一节从 BT 下载出发，来看看现实中的 P2P 网络是如何运作的。

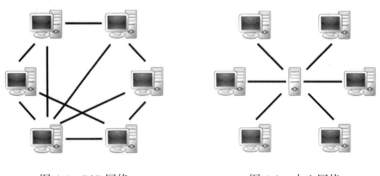

图 4-1　P2P 网络　　　　图 4-2　中心网络

提起 P2P 网络，绕不开的一个应用就是 BT 下载。在互联网基础设施还不够健全，内容分发还没有集中到几个大的视频网站时，BT 下载就获得了巨大成功。BT 下载技术背后的 BitTorrent 协议在整个互联网世界被广泛应用，据统计，2004 年 BitTorrent 协议产生的流量曾占据互联网全部流量的 35%，对互联网的发展做出了巨大贡献。不过由于很难控制在传播资源过程中的侵权问题，BT 下载在方便了人们获取资源的同时，也为其自身的发展带来了很大阻力。随着版权保护力度在互联网世界的加强，BT 下载带来了更严重的法律问题。随着互联网基础设施的不断发展、云服务的不断完善以及内容付费订阅模式的兴起，用户逐渐习惯了在线付费观看的方式。BT 下载不再是主流，渐渐退居幕后。但 BT 下载所承载的互联网去中心化理念和 P2P 网络技术仍然没有过时，它们在持续演化并绽放出了新的光彩。

BT 下载有很多客户端，但它们都遵循基本的 BitTorrent 协议。BitTorrent 协议由美国程序员布莱姆·科亨（Bram Cohen）于 2001 年发布，它可以用来在 P2P 网络中进行文件分享，因为每个参与者都能发送自己已有的文件片段给其他参与者，向网络提供自己的带宽，所以对于某个文件来说，参与下载它的人越多，下载速度反而越快。

为了理解原始 BitTorrent 协议的运作机制，现在假设一个场景：Alice 是一个电影迷，最近她发现了一部小众的老电影，希望能观看，但是由于电影太老了，因此没有被主流的视频网站收录，不过她最终找到了电影的 BitTorrent 种子文件，现在她希望通过该种子文件下载整部电影。

首先来观察一下种子文件（以 .torrent 后缀结尾，这里以只包含单个文件的种子文件为例）中都有哪些信息。如果直接用文本编辑器打开种子文件，内容大部分是乱码。这是因为种子文件的原始内容已被 BitTorrent 协议中的编码规则（Bencode）进行编码，限于篇幅，这里不对 Bencode 进行介绍。解码后，原始信息中主要包含以下信息，如表 4-1 所示。

表 4-1 种子文件中包含的信息

键	描 述
Info	一个描述下载文件的键值对
Info:-length	一个整型数字，表示文件的长度，单位是字节
Info:-md5sum（可选）	一个 32 位的十六进制字符串，下载文件的 MD5 校验
Info:-name	文件名，字符串类型
Info:-piece length	每一个文件块的大小，整型数字，单位为字节
Info:-pieces	将每个文件块进行 SHA1 哈希，取前 20 字节的字符串，最后将所有字符串拼在一起
Annouce	tracker 服务器的 URL 地址
Annouce-list（可选）	备用 tracker 的地址
Creation date（可选）	种子文件的创建时间
Comment（可选）	任意内容的字符串
Created by（可选）	创建种子文件的软件客户端的名称和版本

种子文件中的 Annouce 字段代表 tracker 服务器的地址，那么什么是 tracker 呢？在 BT 网络中，一个大的文件会被切割为许多小的文件块。一个参与者可以从多个参与者那里获取不同的文件块，最终组合为完整的文件。但是有一个问题，参与者如何知道现在网络中有哪些参与者，又如何和相应的参与者建立连接呢？答案就是使用 tracker。

tracker 是一个保存下载网络中所有参与者信息的服务器，它不会存储下载中的文件，但是会参与下载文件的过程，帮助参与者传输文件。具体来说，当种子文件被 BT 下载的客户端程序打开时，程序会读取到 Annouce 字段中 tracker 的 URL 地址。然后发送请求到对应 URL 地址，请求内容如表 4-2 所示。

表 4-2　客户端发送给 tracker 服务器的 HTTP 请求参数

参　数	描　述
info_hash	种子文件中 info 内容的哈希，取 20 字节，用来唯一标识这个文件
peer_id	在客户端软件启动时生成的 20 字节的字符串，用来唯一标识客户端
port	客户端的监听端口
uploaded	已经上传的数据总数量
downloaded	已经下载的数据总数量
left	还需要下载的数据数量，单位为字节
event	下载任务执行的当前状态
event:-started	第一次请求时发送给 tracker
event-stopped	客户端正常关闭时发送给 tracker
event-completed	下载完成时发送给 tracker
ip	客户端的 IPv4 或 IPv6 地址
numwant	客户端希望能够连接的参与者数量，默认是 50 个

如表 4-2 所示，请求中包含客户端希望下载哪个文件、下载进度、本身的 IP 和监听的端口号，当请求发送给 tracker 后，客户端会收到一个响应（response），响应的内容如表 4-3 所示。

表 4-3　tracker 返回给客户端的响应参数

参　数	描　述
failure reason	请求错误的描述，如果存在则代表请求错误，不再返回其他参数
interval	客户端发送请求给 tracker 需要间隔的秒数
tracker id	字符串类型
complete	拥有完整文件的参与者数量
incomplete	没有完整文件的参与者数量
peers	参与者的集合，每个参与者有 peer id、ip、port 这 3 个属性
peer:-peer id	参与者的 id
peer:-ip	参与者的 ip 地址，可以是 IPv4、IPv6 或者 DNS 域名
peer:-port	参与者的监听端口号

如表 4-3 所示，当客户端成功获取 tracker 的响应后，就得知可以和网络中的哪些节点建立连接以下载数据。同时客户端在请求 tracker 时也会把自己的

信息暴露给 tracker 服务，当一个新参与者向 tracker 服务器请求加入网络时，tracker 服务器也会把客户端的信息告知新加入的参与者。这样一来，tracker 服务器就类似于中间人的角色，它把参与者的信息"推荐"给下载同一个文件的其他参与者。参与者之间通过 tracker 相互发现，得到对方的地址，然后建立连接，构成一个"互相帮助"的下载网络。

通过 tracker 得到连接信息后又该如何建立连接呢？假设参与者 A 通过 tracker 知道了应该连接到参与者 B 来获取需要下载的文件数据，参与者 A 知道参与者 B 的地址以及端口。A 与 B 在进行数据交换前还有一个握手过程，确定双方可以正常运行且没有交换错数据。握手的过程首先由 A 发送一个 TCP 请求，请求中包含的内容如表 4-4 所示。

表 4-4 握手过程中发送的信息

字 段	描 述
pstrlen	pstr 参数的字符串长度
pstr	BitTorrent 协议的 1.0 版中，pstrlen=19，pstr ="BitTorrent protocol"
reserved	保留字段，如果需要，可以用来对协议进行扩展
info_hash	对种子文件中 info 字段进行哈希后的 20 字节哈希值，用来指明希望下载的是哪个文件
peer_id	20 字节的字符串，唯一标识参与者

当参与者 B 收到参与者 A 发送的消息后，会对其做出响应。如果 B 发现自己并没有请求中 info_hash 代表的文件，那么 B 会主动断开这个链接，握手失败。如果 B 正在提供对应文件的服务，则同样发送表 4-4 的内容给 A，此时消息中的 peer_id 是参与者 B 的。

当参与者 A 收到参与者 B 的响应后，会查看返回的 peer_id 是否和通过 tracker 获得的 peer_id 匹配。如果不匹配，则参与者 A 会断开这个链接，握手失败；反之，握手成功。

握手成功后，A 和 B 之间就可以进行数据的传递了。在传递数据时，文件被切分为许多小块。文件块从 0 开始被索引，参与者 B 可以通过数字索引告知 A 自己拥有哪些文件块，然后参与者 A 同样可以发送请求告诉 B 自己希望获取哪些文件块，参与者 B 响应相关的数据块给 A。如此往复，直到所有数据块被都被下载完成。有关详细过程的定义，可以参考 BitTorrent 协议官方规范。

现在假设网络中又出现了参与者 C 和 D。C 没有文件数据，D 拥有完整的文件数据，并愿意提供出来。通过上文所述可知，A、B、C、D 节点通过向 tracker 发送请求可以知道彼此的存在，然后各自和其他参与者建立起连接，知晓对方拥有哪些数据，把自己拥有的数据提供给其他参与者，同时也向其他参与者请求自己没有的数据。网络中参与者越多，一个参与者可以和其他参与者建立起的连接就越多，可供自己下载的数据源就越多，下载的速度就会越快。

上面对基本的 BitTorrent 协议原理进行了分析，从中可以了解 P2P 网络相对于中心化网络的区别。BitTorrent 协议中对等节点（参与者）既作为数据提供的服务器，也作为请求数据的客户端。网络中只要知道对等节点的连接信息（地址与端口）就可以自由地与其进行连接，对等节点之间相互连接，相互分享数据。在这样的网络中，对等节点之间地位平等，职责相同，单个甚至部分对等节点发生意外情况而离开网络后，整个网络仍然不会崩溃。不依赖于单个或者部分对等节点提供服务的模式，天然具有强大的抗风险能力。而中心化的服务模式往往依赖中心服务器提供服务，一旦中心服务器发生故障，整个网络就因不能提供服务而导致系统崩溃。除此之外，中心服务模式在网络能力强弱上依赖于中心服务器的性能与带宽，往往参与者的客户端越多，提供给单个客户端的服务能力越弱。而在 BitTorrent 协议中，参与的对等节点越多，网络服务能力越强。

虽然基本的 BitTorrent 协议构建了一种 P2P 网络，但从去中心化的角度来看，它显然存在一个巨大的缺点。整个网络中虽然对等节点之间是平权的，但所有的对等节点都要依靠 tracker 服务器来获取其他对等节点的信息。如果 tracker 服务器不能再提供服务，那么整个网络随着时间的推移将不能正常运作。为了摆脱对 tracker 服务器的依赖，BitTorrent 协议在后续的发展中引入了分布式哈希表（Distributed Hash Table）技术。简单来说就是利用分布式哈希表技术将 tracker 的职责转移到对等节点上，对等节点会存储它知道的其他节点

（协议扩展的详细内容请参考 BitTorrent 协议的 BEP-05）。现有的很多公链在 P2P 网络部分都利用了分布式哈希表技术，我们将在 4.2 节对其进行详细介绍。

4.1.3　P2P 网络与区块链

前两个小节描述了 P2P 网络是什么，并通过 BitTorrent 协议对其进行了初步介绍。在了解 P2P 网络后，还需要解决一个问题：为什么区块链需要采用 P2P 网络技术？

区块链的去中心化离不开 P2P 网络。从网络组成的角度来看，中心化服务器具有星形拓扑结构，当中心节点被摧毁时，网络必然崩溃。如果一个区块链项目采用这样的底层网络，那么区块链的服务能力和安全性就依赖于中心服务器，做不到去中心化。因此 P2P 网络成为唯一的选择。

区块链的抗审查能力的实现离不开 P2P 网络。在中心化的服务模式下，如果中心服务器被审查（比如，大型互联网公司故意不让竞争对手在自己的平台上提供服务或者删除用户数据），那么只有被选择的数据才能在网络中传播。但是由于 P2P 网络中任意一个节点既是服务器又是客户端，所以数据可以在任何一个节点进入网络并传播给所有节点，当节点分布在世界各地后，就很难对整个网络的数据进行干涉了。这可以防止大型互联网公司的垄断和不正当竞争。正是 P2P 网络的性质支撑了区块链的抗审查能力。

区块链保护隐私的能力离不开 P2P 网络的支撑。使用 P2P 网络时信息在节点之间流动，没有哪个节点能够控制信息，与中心服务模式的网络相比，数据在 P2P 网络中的流动不容易被监控。

区块链和 P2P 网络的关系在于，区块链提供了一个自由互联网的愿景，而 P2P 网络是实现这个愿景的技术基础。

4.2　P2P 网络中的重要技术

分布式哈希表、Kademlia 协议和 NAT 穿越是实现 P2P 网络的重要技术，本节将分别对它们进行介绍。

4.2.1 分布式哈希表

在 4.1.2 节的最后提到,基本的 BitTorrent 协议依赖 tracker 服务器来让不同节点之间相互发现,一旦 tracker 服务器不可用,整个网络就无法正常运行,所以其作为 P2P 网络的去中心化程度不够高。实际上这种 P2P 网络也称为第一代 P2P 网络,典型应用是 Napster。

为了摆脱对 tracker 服务器的依赖,人们发明了第二代 P2P 网络。第二代 P2P 网络没有 tracker 服务器,不同数据的存放"位置"被不同节点存储。在寻找文件时采用广播模式,每个节点都向与自己连接的节点发起询问,被询问的节点如果不知道文件在哪里则再次发起广播,循环往复,直到文件被找到,将答案返回给查询节点。虽然这种方式避免了对 tracker 服务器的依赖,但是弊端也显而易见——查询效率太低。循环往复的查询很容易在网络中形成"查询风暴",会消耗大量网络带宽和节点的资源,所以这也称为泛洪式查找(query flooding)。

第三代 P2P 网络使用分布式哈希表(Distribute Hash Table,DHT)在网络中存储并组织信息,分布式哈希表提高了网络的搜索效率,是现在许多 P2P 应用采用的技术。本节将对分布式哈希表进行介绍。

在理解分布式哈希表之前,先看看常用的数据结构——哈希表。哈希表存储的数据有键(key)和值(value)两部分,其利用哈希函数将键映射到一个存储位置来访问记录,查询的时间复杂度可以达到 $O(1)$。

如图 4-3 所示为一个简单的哈希表,其中键为人名,值为 buckets 中的电话号码,可以将 buckets 看作一个长度为 16 的数组。人名通过哈希函数转换为数字,数字作为 buckets 数组的下标。下标对应的数组空间用来存储电话号码,最终构成了一个简单的哈希表。

在程序中使用哈希表时,哈希表存在于计算机内存中,而存储的数据只存在于本地计算机中。顾名思义,分布式哈希表存储的键值对数据并不仅仅存在于一台计

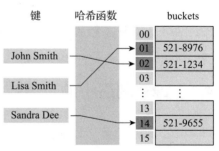

图 4-3 简单的哈希表示例

算机中，而是分布在不同的节点（计算机）中。

如图 4-4 所示为一个分布式哈希表，数据被哈希之后会得到一个哈希值作为数据的唯一标识，然后将该哈希值根据某种规则和网络中的某个节点关联起来，数据就存放在这个节点中。不同的数据由于被哈希后的值不同，会存储到不同的节点上。这样一来，每个节点都只存储了整体数据的一部分，所有节点一起构成了一个"分布式数据库"。在网络中查询数据时，只要知道数据的哈希值，再根据特定的路由规则和存放数据的规则就可以获取相应的节点，最终从节点中获取到需要的数据。

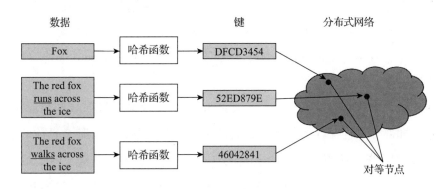

图 4-4　分布式哈希表示例

分布式哈希表有以下三个特性。

- 离散性：构成系统的节点并没有任何中心式的协调机制，做到了完全去中心化。
- 伸缩性：即使有成千上万个节点，系统仍然十分有效。加入的节点越多，网络可以提供的服务能力越强。
- 容错性：即使节点不断地加入、离开或是停止工作，系统仍然能达到一定的可靠性。

以上三个特性对于完全去中心化的 P2P 网络构建十分重要，采用分布式哈希表也因此成为实现 P2P 网络的首选方案。

2001 年，内容寻址网络（Content Addressable Network，CAN）、Chord（Chord Project）、Pastry 以及 Tapestry 这 4 种分布式哈希表技术被发明出来，

推动了分布式哈希表在 P2P 网络领域的发展。2002 年,Petar May-mounkov 和 David Mazières 设计出 Kademlia 协议。与前 4 种分布式哈希表协议相比,Kademlia 协议采用的数据结构简单,路由方式实现起来足够灵活,具有较好的性能并且安全性也较强。总之,Kademlia 协议在各种哈希表实现中具有很强的竞争力,成为分布式哈希表中被采用得最多的技术。下面将对 Kademlia 协议进行详细介绍。

4.2.2 Kademlia 协议

上一节介绍了什么是分布式哈希表及其为 P2P 网络带来的好处,分布式哈希表共有 CAN、Chord、Pastry、Tapestry、Kademlia 5 种具体的实现,但在实际的使用中往往采用 Kademlia 协议或其变体。本节将对 Kademlia 协议进行介绍,使读者理解其运作机制。

和其他分布式哈希表实现一样,Kademlia 协议网络中每个节点都只知道部分信息,即部分文件保存的位置。这就产生了一个问题,对于某个具体的节点,它应该知道哪些文件的存储位置呢?为了解决这个问题,引入了两个哈希值:节点 ID 和文件的哈希值。节点 ID 是节点的唯一标识,范围为一个 160 位的二进制(20 字节)空间,比如可用不同的方式对节点某部分的独特信息进行哈希来得到;文件的哈希值范围也是一个 160 位二进制空间,通常可以对文件内容进行哈希来得到。

可以制定这样一个规则:如果对一个文件计算出一个哈希值,则 ID 和该哈希值相同或者接近的节点要知道从哪里下载该文件。有了这个规则后,就把文件和某些节点联系在了一起,在存储和搜寻文件时可以根据文件哈希值在网络中寻找相应的节点。

规则中表明节点 ID 和文件哈希值要相同或相近,在网络路由时也需要比较两个节点 ID 是否接近,那么如何来衡量是否接近呢? Kademlia 协议中采用了异或⊖(XOR)算法作为距离算法来衡量两个 ID 的远近。为了便于理解,这

⊖ 异或是一种逻辑运算,体现为"相同为假,相异为真"。比如 0 和 1、1 和 0 进行异或的结果都为 1(假),0 和 0、1 和 1 异或的结果都为 0(真)。

里把 160 位的空间减小到 8 位来举例说明。在比较两个 ID 时，首先把字符串的哈希值变为二进制表示。这里假设节点 A 的 ID 二进制表示为 01010101，节点 B 的 ID 二进制表示为 01000000，将两个 ID 进行异或运算（对应位置的 0、1 进行异或），结果为 00010101，转化为十进制为 21，也就是说这两个 ID 的距离用十进制表示为 21。同理，如果 ID 分别为 01010101 和 01010000，则距离为 5。从中可以看出，如果两个 ID 的二进制高位（左侧）不同，则距离更远，总的距离等于所有不同位的距离之和，即两个 ID 二进制之间的异或结果。

两个 ID 的距离与 ID 的二进制表示有关，而 ID 是随机选取的 160 位"0、1 串"，所以两个 ID 的距离与两个节点的网络位置、地理位置无关。回顾一下，Kademlia 协议中文件和节点都有一个 160 位的唯一标识，其中规定，与文件的哈希相同或接近的节点要知道文件存储的位置。而衡量"是否接近"是通过将两个标识进行异或运算得出的，结果越大表明离得越远。

在了解了 Kademlia 协议中的距离算法后，接下来的问题是，在网络中用一个文件的哈希值进行搜寻时，如何得到这个文件的存储位置信息呢？这称为 Kademlia 的路由机制。

要理解路由机制，可以从 Kademlia 协议中的 k-bucket（k–桶）开始。k-bucket 是 Kademlia 协议中提出的一个概念，一个节点会有多个 k-bucket，不同 k-bucket 的区别在于离该节点的距离不同，每个 k-bucket 中存放了到该节点的距离在某个范围内的其他已知节点。为了便于理解，这里假设有一个节点 A，其 ID 为 10101010，称为 ID A，下面根据规则来为节点 A "摆放" k-bucket。

首先从 ID A 的最低位开始，假设有一类 ID，它们除了最低位，其他位都和 ID A 相同。根据二进制的性质，可以得出这类 ID 只有一个——10101011，它和 ID A 的异或距离为 1，将它放入节点 A 的 "k-bucket 1"。再假设有一类 ID，它们和 ID A 在倒数第一位和倒数第二位上有所不同，这样的 ID 只有两个，分别为 10101000 和 10101001，异或距离分别为 2 和 3，将其放入 "k-bucket 2"。同理，如果一类 ID 和 ID A 从倒数第三位往右开始不同，则这样的 ID 有 4 个，异或距离为 4、5、6、7，将其放入 "k-bucket 3"。

将上述例子一般化可以得到以下规则：对于一个 ID A，从倒数第 i 位开始不同（左侧位数上数字相同），这样的节点存在 2^{i-1} 个，它们与 ID 的距离范围为 $[2^{i-1}, 2^i)$，可以将其放入节点 A 的"k-bucket i"。简单来讲，就是从倒数第 i 位往右开始出现不同，就放入"k-bucket i"。因为在 Kademlia 中 ID 为 160 位的随机空间（160 位的二进制数），所以一个节点理论上有 160 个 k-bucket，每个 k-bucket 存放不同异或距离范围的节点。

k-bucket 中的 k 代表什么呢？从 k-bucket 的规则来看，离节点的距离越远，相应范围内的节点就越多。比如，如果左侧数第一位（倒数最后一位，即 i 为 160）就不同，那么有 2^{159} 个节点落在这个距离范围内。显然"k-bucket 160"是不可能装满的，那么应该装多少个节点呢？k 代表在每个 k-bucket 中最多装 k 个节点。k 是一个系统级的常量，可以根据实际需要进行设定，比如以太坊 1.0 中 k 被设定为 16，即一个 k-bucket 中最多存放 16 个对应距离范围内的节点。

了解了 k-bucket 的基本组织方式后，再来看看如何利用 k-bucket 寻找目标节点。现在假设节点 A 的 ID 为 01010101，要寻找的节点 B 的 ID 为 01011001。首先将两个 ID 进行异或，得到距离为 1100，两个 ID 从倒数第四位开始不同，那么 i = 4，距离范围就是 $[2^3, 2^4)$。如果节点 A 记录了节点 B 的信息，根据规则就应该放入"k-bucket 4"，去其中寻找是否记录了节点 B 的信息。实际中节点 A 并不一定记录了节点 B 的信息，此时根据 ID 和文件哈希相同或接近的节点负责记录文件存储信息的规则，应该去更接近节点 B 的 ID 的节点中寻找。在"k-bucket 4"中的节点倒数第四位和节点 A 的 ID 倒数第四位不同，且二进制只能是 0 或者 1，所以它们和节点 B 的倒数第四位是相同的，即节点 B 和"k-bucket 4"中节点的 ID 至少是倒数第三位开始不同，它们离节点 B 更近。接着选择"k-bucket 4"中的任意节点，假设选择了节点 C，然后用同样的方式计算节点 C 与节点 B 的异或距离，确定去节点 C 的哪一个 k- 桶中寻找是否有节点 B。如果找到了，则将其信息返回给 A，如果没有找到，则根据同样的方式找到更接近节点 B 的节点，重复进行查找。

Kademlia 这种查找方式每进行一次，如果没有找到，就会把 ID 位数开始不同的位置向低位推一位，这样一来就排除了剩余节点的一半，这其实是一种折半查找。所以对于一个总节点数为 N 的网络，如果存在相应节点，最多只需要查询 $\log 2(N)$ 次就能找到。下面举一个简单的例子来进行说明，如图 4-5 所示。

在图 4-5 中，最下层的叶子节点代表网络中存在的节点，二进制数为节点的 ID。网络中每个节点的 ID 空间只有 3 位，即节点只有 3 个 k– 桶。对于黑色节点 110，倒数第一位和它不同的节点只有 111，将其放入 "k-bucket 1"；从倒数第二位开始和它不同的节点为 100 和 101，

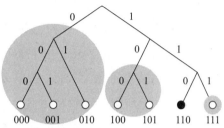

图 4-5　节点 ID 的随机空间为 3 位的网络

将其放入 "k-bucket 2"；从倒数第三位开始和它不同的节点有 000、001 和 010，将其放入 "k-bucket 3"（图 4-5 中阴影圆为 3 个不同的 k– 桶中包括的节点）。现在假设黑色节点要寻找节点 001，节点 001 根据规则放在了黑色节点的 "k-bucket 3" 中，但是黑色节点还没有记录节点 001，所以它要根据规则询问更接近节点 001 的节点。相对于黑色节点更接近于节点 001 的就是最高位为 0 的节点（节点 001 最高位为 0），从图 4-5 中可以看出，如果最高位被确定，那么就把根节点的右子树都排除了，需要寻找的节点数目减少了一半。假设选择了节点 010，它和目标节点 001 从倒数第二位开始不同，所以应该去它的 "k-bucket 2" 寻找是否有目标节点 001。"k-bucket 2" 理论上可以放入节点 000 和 001，它们和目标节点 001 前两位相同，也就确定了第二位。当确定了第二位后，从左往右第一个阴影圆中二叉树根节点的右子树被排除了，搜索的空间减小了一半。当节点 ID 的位数更多时，图 4-5 所示的二叉树层级会更多，相应叶子节点的数目也会更多。但从某个叶子节点出发搜索另一个节点的算法是相同的，节点 ID 从高位到低位，每确定一位会排除当前一半的节点。所以最坏情况下，只需要 $\log 2(N)$ 次搜索就能找到节点。最好的情况是，如果节点对应的 k-bucket 中正好存放了目标节点，只需要一次就可以找到节点。例如，如果图 4-5 中黑色节点的 "k-bucket 3" 中存放了节点 001，那么第一次就直接找到了。

了解了 Kademlia 的路由规则后，再来看看 k- 桶中是如何增加节点的。k 代表的是每个 k- 桶中存放节点的最大数量。每个 k- 桶中存放的节点的数量有两种情况，小于 k 或者等于 k。当 k- 桶中的节点数量小于 k 时，如果发现了新的对应此 k- 桶的节点，则将直接将节点加入；当 k- 桶中的节点数量等于 k 或者 k- 桶已满时，则会 ping 一下 k- 桶中已存在的节点，如果都还能连接上，则不会把新的节点加入 k- 桶，如果有不能连接上的节点则将其去除，把新节点加入 k 桶。之所以采用这种方式，是因为从统计分布的规律来看，长时间保持在线的节点在未来长时间在线的可能性更大。

Kademlia 协议建立在上述 k- 桶之上，可以发起如下 4 种消息请求。这些消息请求"封装"了对 k- 桶的基本操作，组合起来可以改变网络的状态，让整个网络得以正常运行。

- PING：用来测试节点是否依然在线。
- STORE：在某个节点中存储一个键值对。
- FIND_NODE：消息请求的接受者将返回自己 k- 桶中离请求的节点的 ID 最近的 k 个节点。
- FIND_VALUE：根据文件资源的 KEY 查找一个数据，和 FIND_NODE 类似，如果请求接受者拥有 KEY 对应的文件资源则返回数据。KEY 是文件的内容哈希，和节点 ID 一样有 160 位。

在 Kademlia 中节点的查询可以是并行的，即向一个节点发送 FIND_NODE 请求后，返回多个更近的节点，这时可以同时对这多个节点再次发起 FIND_NODE 请求。同时发起请求的节点数目由 α 参数控制。接收到请求的节点继续在它们的 k- 桶中进行查询，如果明确离目标节点更近的节点，则返回相应的节点（最多 k 个）。请求节点收到响应后，更新结果列表，保持 k 个离目标节点更近的节点，对这些节点发起 FIND_NODE 请求，不断迭代执行这个查询过程。如果查询结果没有比上一次查询更接近目标节点，则查询迭代终止。迭代结束时，就获取到了 k 个离目标节点最近的节点。

在网络中存储文件资源时，由于对应节点可能不在线，所以文件资源会被存储在 k 个节点上。存储了文件资源的节点会定期通过 FIND_NODE 请求来找到网络中与文件资源哈希最接近的 k 个节点,然后通过 STORE 请求把文件资源复制到这些节点上。这样可以保证在部分节点不在线后,网络中还有相应节点能提供文件资源。但是如果网络中存储某个文件资源的所有节点都离线了,则没有节点再负责把文件资源复制到其他节点上,这个文件资源将从网络上永远消失。

一个新节点需要通过一个引导节点才能加入网络,引导节点是一个已经在网络中的节点。新节点需要知道引导节点的 IP 地址和端口,新节点会通过相关的哈希算法生成一个 ID,唯一标识自己,然后以这个 ID 向引导节点发起 FIND_NODE 请求,此过程中引导节点会向它知道的相关节点发起 FIND_NODE 请求来定位新节点。在这个定位过程中,收到请求的节点会把新节点的 ID 加入自己相应的 k- 桶中,而新节点也会把收到请求的节点的 ID 加入自己的 k- 桶中。这样一来新节点的 k- 桶中就存入了其他节点,其他节点也在自己对应的 k- 桶中存入了新节点,新节点就有了路由和被路由的能力,加入了网络。这种自我定位会使得收到请求的节点把新节点信息加入它们对应的 k 桶中,加入网络后,引导节点对于新节点来说,地位和其他节点相同。新节点也可以作为后面新加入节点的引导节点。

以上是对 Kademlia 相关运行机制的介绍,从中可以看出 Kademlia 作为分布式哈希表协议的具体实现,通过 k- 桶和异或距离算法实现了一种高效的路由机制,在此基础上利用 PING、STORE、FIND_NODE、FIND_VALUE 4 种请求实现了节点和文件资源的定位,并让节点可以自由加入和退出网络,从而构建了一个完全去中心化的网络。与第一代 P2P 网络(未扩展的 BitTorrent 协议)相比,它摆脱了对 tracker 服务器的依赖;与第二代 P2P 网络相比,它避免了泛洪式查找引起的"查询风暴"。在各种 P2P 应用中,Kademlia 协议及其变种被广泛应用,区块链公链也不例外。

4.2.3 NAT 与 NAT 穿越

上一节对分布式哈希表中的 Kademlia 协议算法进行了介绍,用 Kademlia 协议可以构建一个去中心化的 P2P 网络。这其实包含了一个假设,即任意节点都有一个公网的 IP 地址以便相互连接。但现实情况是这样吗？普通用户的计算机有公网 IP 地址吗？如果没有，那么两个普通用户的计算机之间还能建立起连接吗？P2P 网络能够在没有独立公网 IP 的计算机之间构建吗？本节将对这些问题进行回答，讨论如何在真实的网络环境下构建 P2P 网络。

互联网中 IP 地址是计算机的"住址"，数据就像快递包裹一样通过网络发往相应计算机。而 MAC 地址是计算机的"身份证"，用来唯一标识一台计算机（更准确地说是网卡），所以计算机之间没有 IP 地址就不能进行普通的网络通信。现在被广泛使用的 IPv4 地址，本质上是一个 32 位的二进制数，因此可用的 IPv4 地址最多为 2^{32} 个，即大约 43 亿个。设计 IPv4 协议时，人们认为 43 亿个 IPv4 地址应该完全够用，但是随着互联网的高速发展，网络终端数量也呈爆炸性增长。在 2011 年 2 月 3 日，IANA 对外宣布：IPv4 地址空间最后 5 个地址块已经被分配给下属的 5 个地区委员会。2011 年 4 月 15 日，亚太区委员会 APNIC 对外宣布，除个别保留地址之外，本区域所有的 IPv4 地址基本耗尽。IPv4 协议已经不能提供新的 IP 地址了。

其实早在 20 世纪 90 年代初，网络专家们就已经意识到随着互联网的发展，IPv4 地址很快就会被耗光。业界开始寻找 IPv4 的替代方案，并同时采取一系列的措施来减缓 IPv4 地址的消耗。在这样的背景下，NAT（Network Address Transaction，网络地址转换）被发明出来，它"拯救"了 IPv4 协议，也深刻改变了互联网的网络结构。

NAT 是一种在 IP 包通过路由器或防火墙时重写源 IP 地址或目标 IP 地址的技术，IP 头格式如图 4-6 所示。

IP头格式 32位				
version	IHL	type of service	total length	
identification			O D M F F	fragment offset
time to live		protocol	checksum	
source address				
destination address				
[options]				

图 4-6　IP 头格式

图 4-6 中 source address 为源 IP 地址，代表数据包来自哪个 IP。destination address 为目的 IP 地址，代表数据包要发往哪个 IP。网络中的计算机相互通信，实际上就是在相互之间发送数据包。网络协议是分层的，数据包在经过不同的层时会加上不同的"头"，网络层加上的就是具有图 4-6 中数据格式的 IP 头。由于篇幅有限，这里不对计算机网络各层展开讲解。如果对计算机网络不太了解，请记住 NAT 技术是在数据包被发送出去之前修改数据包中 IP 头的 source address 和 destination address 两个地址。对这两个字段的修改，会影响网络包来自哪里、被运送到哪里。

IPv4 地址根据是否可以被外界访问分为两类：公网 IP 和私有 IP。公网 IP 可以作为全球网络的路由地址，私有 IP 只能作为内部网络的路由地址。公网 IP 需要由 IP 分配的相关机构进行分配才能获得，而私有 IP 由于只在内部网络中使用，可以直接获得。私有 IP 的地址段落有三个：10.0.0.0～10.255.255.255、172.16.0.0～172.31.255.255 和 192.168.0.0～192.168.255.255，它们分别属于 A 类、B 类、C 类地址，每个内部网络都可以用这些 IP 地址进行组网。

如图 4-7 所示，现在假设某个大学要接入互联网，内部可能有成百上千台计算机，但由于 IPv4 资源紧张，只申请到了一个公网 IP 地址。只有公网 IP 地址才能接入互联网，如何才能让每台计算机都可以访问公网呢？在内部可以按图 4-7 所示给计算机分配 192.168.×.× 这样的私有 IPv4 地址，然后用私有网络的地址 192.168.1.1 部署有 NAT 能力的路由器，路由器拥有公网 IP 地址。内部计算机发送的数据都经过这个路由器，可以把数据包中的源 IP 地址从私有 IP 修改为公网 IP，然后向外网发送请求。外网响应的数据包经过路由器时把目的 IP 地址修改为对应的私有 IP 地址，通过内网再发送到对应的内网计算机。这样一来，虽然学校只有一个 IP 地址，但是也让成百上千的网络终端接入了互联网，大大节省了 IPv4 地址。

以上是 NAT 的基本原理，下面来看看 NAT 具体是如何实现的。

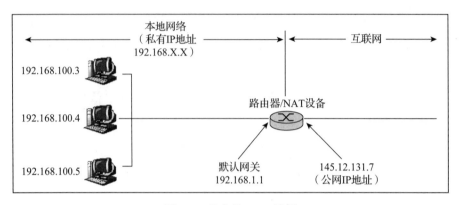

图 4-7 基本的 NAT 示例

如图 4-8 所示，在内网中有一台地址为 192.168.100.3 的计算机（称为计算机 A）希望访问 Yahoo 网站，由于自身没有公网 IP 地址，因此不能直接建立和 Yahoo 网站的连接。计算机 A 把自己的请求发送到默认网关 192.168.100.3，这个地址上有一台支持 NAT 的路由器，并且它有一个公网 IP 地址。在路由器内部会维护一张 NAT 转换表，该表中记录了如何修改数据包的源地址 IP、目标地址 IP 和相关端口。图 4-8 中的 NAT 转换表表示当路由器收到来自 192.168.100.3:3855 的数据包时，就将数据包中 IP 头的源 IP 地址修改为 145.12.131.7（这个网络中的公网出口 IP 地址），运输层 TCP 头或 UDP 头的源端口修改为 6282。这时数据包是从公网 IP 发出的，所以路由器可以将其发送到外网。此时图 4-8 中的"Private IP Addr & Port"和"Public IP Addr & Port"就形成了一个对应关系。当外网的服务器响应这次请求，返回数据包时，会发送到之前请求数据包中的源 IP 地址（145.12.131.7）。路由器收到了响应的数据包，会查看它的目标 IP 地址和目标端口，发现是 145.12.131.7:6282，然后从 NAT 转换表中查询到它对应的私有 IP 地址和端口为 192.168.100.3:3855，于是通过内部网络把数据包转发到计算机 A 的 3855 端口上。计算机 A 收到了响应，在浏览器中显示出网页。计算机 A 在另一个端口运行其他程序，需要连接到其他外网 IP 时，路由器会在 NAT 转换表中增加新的对应规则来区分不同程序的请求。其他计算机同理，这样就实现了利用一个公网 IPv4 地址让 N 台计算机能够接入互联网。

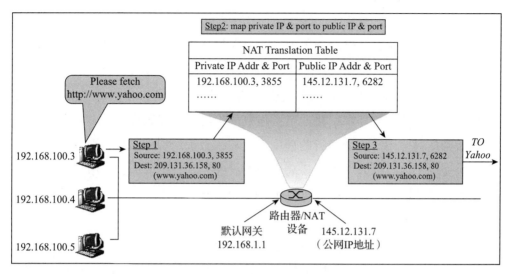

图 4-8　NAT 转换表与网络连接

NAT 解决了 IPv4 地址不足的问题，已经被广泛使用。几乎所有的普通用户和公司组织网络都是位于 NAT 网关后面，没有自己的公网 IP。公网 IP 要从 ISP 或者云服务提供商那里获得，对于大量的普通互联网用户来说，这是一个很高的门槛。NAT 改变了网络结构，也带来了新的问题。IP 协议本身是一个对等的协议，理论上具有 IP 地址的节点在协议层面具有相同的获取和提供服务的能力，一个 IP 地址上的主机可以同时成为服务器和客户端。但是在 NAT 中往往不允许外网主机连接内网主机，即内网的主机无法在 NAT 网关下直接作为服务器向外提供服务（比如在普通用户的计算机上搭建一个网站，外界是无法连接到这个服务器获取服务的）。而 P2P 网络需要网络中的每个节点既作为服务器又作为客户端，要求通信双方都能主动发起访问。如果不考虑 NAT 在网络中的影响，而直接利用 Kademlia 协议等技术来建立 P2P 网络根本是不可行的。对于区块链公链来说，去中心化是一个十分重要的特性。要实现去中心化，就得保证大量普通用户能够参与其中。普通用户没有公网的 IP，网络都藏在 NAT 网关后面，所以必须采用技术手段来保证普通用户之间也能建立起稳固的 P2P 网络。在实际应用中，这种技术称为 NAT 穿越（NAT Traverse）。

常见的 NAT 穿越技术有应用层网关技术、中间件技术、打洞技术、STUN

协议、TURN 协议、中继代理等。这些解决方案满足了很多场景下对 NAT 穿越的需要，但是区块链公链对于去中心化要求很高，因此像探针技术、中继代理技术这样需要一个公网 IP 服务器来辅助的技术很难在区块链领域中发挥作用。例如，在以太坊 geth 客户端的实现中，利用了 UPnP 和 PMP 技术来让 NAT 网关后面的节点能够被外部网络的节点连接。当前，许多区块链的节点实际上并没有做到让普通用户也能运行的程度，比如，对于比特币，如果要挖矿，只能接入大型的矿池，以太坊也需要高性能的设备。具有挖矿能力的节点很多也部署在了云服务器上，具有自己的独立公网 IP。但一个区块链如果完全没有 NAT 穿越能力，也很难被推广使用。

UPnP（Universal Plug and Play，通用即插即用）是一组网络协议，其允许网络设备，如个人计算机、打印机、互联网网关、无线接入点和移动设备无缝地发现彼此的存在，在网络上建立支持数据共享功能的网络服务。UPnP 通过定义和发布基于开放的、因特网通信网协议标准的 UPnP 设备控制来实现这一目标。应用程序可以检测自己是否位于支持 UPnP 能力的路由设备之后，UPnP 让程序在路由设备中自动创建对应的 NAT 转换规则，在不使用时自动移除，这也体现了即插即用。在这种情况下，虽然计算机位于 NAT 网关之后，但是不需要额外地手动设置协议自动适配，并向外提供了可用性。现在主流的路由器设备都提供了 UPnP 功能，可以选择是否开启该功能。由于 UPnP 本身的复杂性，限于篇幅，这里只对其进行简单介绍。

下面来回答本节最开始提出的问题。首先，现实情况下几乎所有普通用户的计算机都位于 NAT 网关之后，没有公网 IP 地址。虽然没有公网 IP 地址，但是利用 NAT 技术，内网中的计算机也可以接入互联网。两个普通用户的计算机如果都位于 NAT 网关后面（不在同一个内网），通过 NAT 穿越技术也能够建立起连接。在没有公网 IP 的计算机之间构建 P2P 网络是一件比较困难的事，IP 协议让拥有 IP 地址的设备间地位平等，但 NAT 技术在解决 IPv4 地址不足的问题后也破坏了 IP 协议的对等通信能力。通过各种 NAT 穿越及相关技术，也能在普通用户的计算机之间构建出 P2P 网络。但在区块链公链领域，由于区扩链公链对去中心化程度的追求，这会更加困难。传统的类似于打洞技术的 NAT 穿越方式依赖于一个稳定的第三方服务器，并不适用。但是如果负责 NAT 的路由器支持 UPnP 或类似技术，也能在保证在去中心化的基础上构建出 P2P 网络。

4.3 libp2p

前两节首先讨论了什么是 P2P 网络，然后介绍了简单的 BitTorrent 协议，而后引申到分布式哈希表，再介绍了它被广泛应用的一种实现方式——Kademlia 协议，最后介绍了现实网络状况下的 NAT 技术以及 NAT 穿越。相信读者对 P2P 网络的理论知识已经有了一定程度的了解，本节本着实用的目的，将介绍一个可以在实际开发中使用的项目——libp2p。

4.3.1 libp2p 是什么

图 4-9 来自 libp2p 官方 GitHub 仓库，对 libp2p 的定义为：用于查找节点、查询内容，并传输数据内容的 P2P 网络协议集合。libp2p 要实现 exchange（数据交换）、routing（路由）和 network（运输层网络）一系列网络协议，然后把它们模块化地提供给更多 P2P 应用，作为底层来使用。简单来说，libp2p 就是一个构建 P2P 网络的工具箱，利用其中封装好的"工具"，开发人员可以快速在自己的分布式程序中搭建起底层 P2P 网络。

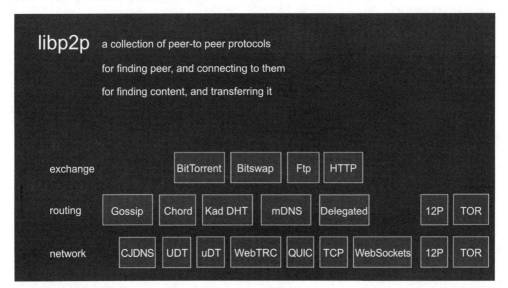

图 4-9 libp2p 是什么

libp2p 源自 IPFS。IPFS 是一个旨在连接所有计算设备系统文件的分布式文件系统，直观来说就是"把全球的硬盘变成一个整体"。在开发过程中，IPFS 团队遇到了很多在异构设备上运行分布式文件系统的挑战。网络中的设备具有不同的设置和能力，人们需要重新思考整个网络协议栈并整合已有的解决方案，以此应对复杂的网络情况。最终团队把开发过程中的经验和成果开源出来，形成了 libp2p，让更多的开发者可以在其基础上构建应用，大大降低了编写 P2P 应用的门槛。得益于开源社区的活跃参与，libp2p 本身也越来越完善。

libp2p 希望实现的目标如下：
- 能够使用不同的传输协议。
- 能够进行普通传输：TCP、UDP、SCTP、UDT、UTP、QUIC 和 SSH 等。
- 能够进行身份认证的数据传输：TLS、DTLS、CurveCP 和 SSH。
- 高效使用套接字（复用连接）。
- 使节点之间的通信能够通过一个套接字进行多路复用（避免握手开销）。
- 通过协议的协商过程（protocol negotiation）让多种协议和不同的协议版本在节点之间相互配合使用。
- 向后兼容。
- 能在当前的网络系统中运行。
- 能利用当前网络技术的全部功能。
- 有 NAT 穿越功能。
- 连接能够被中继。
- 能使用加密通道。
- 能高效利用底层传输。

由此可以看出，libp2p 十分适合作为区块链公链的网络底层。实际上，在区块链公链领域，已经有许多项目都采用了 libp2p 作为底层技术来构建 P2P 网络。比如正在开发的以太坊 2.0 Golang 语言客户端 Prysm、跨链明星项目 Polkadot、号称可以"一键发链"的 Substrate 项目等。随着 libp2p 的流行，它已经有 go-libp2p（Golang 语言）、js-libp2p（JavaScript 语言）、rust-libp2p

（Rust 语言）、py-libp2p（Python 语言）4 种实现，Haskell 和 Java 语言也在实现计划内，编程开发的许多领域都能因此受益。

4.3.2 libp2p 的设计

从一开始设计 libp2p 时，开发团队就考虑到了模块化需求，因此 libp2p 可以在许多不同的项目中使用。

虽然传统 P2P 应用程序中的节点由 IP 地址和端口组合而成，但 libp2p 使用多地址（multi-addr）的概念，有以下一些例子。

- /ip4/90.46.231.22/udp/25000：IP 地址为 90.46.231.22 并监听 UDP 端口 25000 上的 UDP 协议。
- /ip6/fe80::0202:b3ff:fe1e:8329/udp/1567/quic：在 UDP 端口 1567 上使用带有 IPv6 地址的 QUIC 协议。
- /dnsaddr/example.com/tcp/80/ws：在 TCP 端口 80 上使用 WebSocket 协议，使用 DNS 来解析主机名 example.com。

并非所有使用 libp2p 的项目都需要实现对所有协议的支持。事实上，存在多地址的概念是为了能够使用新协议扩展 libp2p。例如，未来可能会将蓝牙添加为传输协议，那么就可以很方便地扩展出相应协议的地址。

libp2p 模块化的第二个主要体现是协议的协商过程。一旦两个节点之间建立了连接，接下来就是协商沟通时使用的具体协议。

一般使用时最好能对通用协议进行实现，不过这并不是必需的，开发者完全可以灵活地决定对哪些协议进行实现。在支持通用协议后，如果开发者有新的想法，只要遵守 libp2p 的规范，就可以实现自己的协议并和之前的实现集成到一起。通用协议一般包括以下特性的实现：

- secio，负责加密通信。
- mplex 或 yamux，它们是 secio 之上负责多路复用的协议。

多路复用是将多个单独的数据流组合在一起形成单个连接的过程。举个例子，用户可能将一条同轴电缆或光缆连接到自己家里，但如果用户和其他人都希望在视频网站上播放不同的视频，数据必须经过多路复用才能传输过来，并通过多路分解发送到正确的计算机上。通过这种方式，可以简单地使用许多不同协议打开尽可能多的子流。这些协议包括：

- identity，这使得有可能获得有关节点的信息，包括正在监听的多地址以及看到计算机的多地址，类似于 STUN 协议的功能。
- ping，可以 ping 远程以确定某个节点是否在线。
- Kademlia，用于节点间的发现和分布式记录存储。
- floodsub 和 gossipsub，两种 pub-sub 协议。
- 任何人希望实现的自定义协议。例如，在 Substrate 项目设计中，每个项目都能够定义自己的网络协议。

libp2p 是围绕 UNIX 哲学设计的，它创建了易于理解和测试的小组件。这些组件也能够相互组合来适应不同的技术或场景，并且可以随着时间的推移进行升级。在 libp2p 中，虽然不同的节点可以根据其能力支持不同的协议，但是任何节点都可以充当服务器和客户端，一旦建立的连接可以从两端重用，就消除了客户端和服务器之间的区别。这也是 P2P 网络中一个节点必须具备的能力。

4.3.3　libp2p 的组成

libp2p 接口充当多个子系统的"胶水"，这些子系统是节点能够进行通信的基础。只要遵循标准化接口，就允许这些子系统构建在其他子系统之上。适合这些子系统自定义的有：

- Peer Routing（节点路由）：决定用哪个节点来路由信息。该路由可以递归地、迭代地，甚至在广播/多播模式中完成。
- Swarm（Switch）：处理触发 libp2p "打开流"部分的所有内容，包括协议复用、流复用、NAT 遍历和连接中继，同时是多路传输。
- Distributed Record Store（分布式记录存储）：用于存储和分发记录的系统。记录是其他系统用于发送信号、建立链接、通知对等体或内容等的小条目。在更广泛的互联网中与 DNS 具有类似的作用。
- Discovery（发现）：查找或识别网络中的其他节点。

如图 4-10 所示，这些子系统中的每一个都有一个公共接口，并且可以通过相互调用来配合使用。

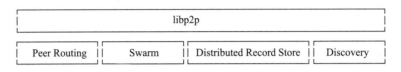

图 4-10　libp2p 架构

Peer Routing 子系统暴露公开接口来确定消息应在 DHT 中路由到哪些节点。它接收密钥并且必须返回一个或多个 PeerInfo 对象，如图 4-11 所示。libp2p 提供了两个对等路由子系统的例子，第一个基于 Kademlia DHT，第二个基于 mDNS。只要满足相同的规范和接口，用户就可以实现其他节点路由机制。

kad-routing 是 libp2p 对 Kademlia 协议变体的一种实现，在 libp2p 的实现中增加了加密安全的特性。mDNS-routing 使用 mDNS 探针来识别局域网中的节点是否有相应的 key。

Swarm 是 libp2p 的一个核心，与网络相关的部分都在其中，包括 Stream Muxer（流多路复用）、Protocol Muxer（协议多路复用）、Transport、Crypto、Identify 和 Relay 等。其中协议多路复用是在应用程序级别而不是端口级别的传统方式下处理的（其中不同的服务/协议在不同的端口监听），能够支持多个协议在同一个套接字中进行多路复用，从而节省了对多个端口进行 NAT 穿越的成本。协议多路复用是通过多个流来完成的，这是一种使用多代码协商不同类型的流的协议。

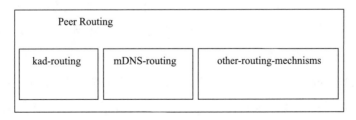

图 4-11　libp2p 提供的节点路由机制

identify 是"挂"在 Swarm 上的协议之一，用于实现在节点之间交换公钥、地址等。identify 使我们能够在节点之间交换 listenAddr 和 observedAddr。由于每个打开的套接字都实现了 REUSEPORT，对于节点 A 来说，节点 B 中的 observeAddr 就可以让节点 C 连接到节点 A，原因在于该端口已经打开并在 NAT 上重定向到节点 A。

relay 是在 libp2p 节点（例如 IPFS 节点）之间建立连接的手段，有助于在网络状况复杂的情况下建立节点之间的直接连接。具体而言，复杂网络状况包括节点位于 NAT、反向代理、防火墙之后，节点间不支持相同的传输协议（例如，go-ipfs 与 browser-ipfs）等。尽管 libp2p 具有用于 NAT 遍历的模块（go-libp2p-nat），但穿越 NAT 并不总能成功。relay 协议就可以用来应对这些情况。

简单来讲，relay 就是让两个不能直接建立连接的节点通过第三个节点的中转来进行数据传输的传输协议。例如当节点 1 位于一个 NAT 之后，且不可穿越时（无法在一个公网 IP 上监听，所以无法对外提供服务），这个节点可以向外找到一个可以监听公网 IP 的中间节点并与其建立连接。假设有一个节点 2 希望和节点 1 建立连接，但因为节点 1 没有公网 IP，所以不能访问它。由于节点 1 有了一个中间节点，节点 2 就可以把请求发送给中间节点，中间节点再将请求转发给节点 1。同理，节点 1 将响应通过中间节点回复给节点 2，最终完成通信。

在具体实现中，Distributed Record Store 包含 libp2p-record、interface-record-store、libp2p-distributed-record-store、libp2p-kad-record-store 4 个部分。

在节点发现方面有 mDNS-discovery、Random-Walk、BootStrap-List 3 种方式。

mDNS-discovery 是一种在局域网上使用 mDNS 的节点发现协议。它会发出 mDNS 信标，以查找是否有更多可用的节点。局域网节点对于 PWP 非常有用，因为它们具有较低的链路延迟。mDNS-discovery 是一个独立的协议，不依赖于任何其他 libp2p 协议。mDNS-discovery 可以发现局域网中可用的节点，而不依赖于其他基础结构。这在内网、与公网断开连接的网络中尤其有用。

mDNS-discovery 可以按服务配置（即仅发现参与特定协议的节点，如

IPFS)，以及发现属于专用网络的节点。在隐私方面，mDNS 在局域网中进行广播，向同一本地网络中的监听节点透露 IP 地址。所以不应将其与隐私敏感的应用程序或不经意的路由协议一起使用。

Random-Walk 是 DHT（以及具有路由表的其他协议）的发现协议。它会进行随机 DHT 查询，以便快速获取大量节点的信息。

BootStrap-List 是一种节点发现协议，它会缓存网络中可用的节点的地址。在进行节点发现时，就可以从这些预先存储的节点地址开始去获取网络中其他节点的信息。将这些引导节点的信息存储下来，或者直接硬编码到程序中，从而保证在进行节点发现时至少能找到可用的节点，这些节点成为进入网络的入口。在大多数情况下，引导节点的列表信息应该是用户可配置的，这样用户就可以更方便地建立起私有网络，或者直接将其依赖和信任的节点存储起来，提高节点发现的效率。

libp2p 项目实现了许多 P2P 网络中常用的协议，其模块化的特性可以在许多项目中根据特定需求来选择使用。当已存在的实现不能满足需求时，遵循 libp2p 的规范也可以很方便地对其进行扩展。libp2p 简化了区块链在网络部分的开发难度，是开发区块链时的一个强力工具。

本节基于 libp2p 项目官方 specs 仓库的 connmgr 分支，限于篇幅且 libp2p 项目本身也在快速更迭中，这里不做更深入的介绍。感兴趣的读者可以访问 libp2p 的官方仓库 https://www.github.com/libp2p/specs 获取最新设计规范。

第 5 章

共　识

可以将区块链看作一种特殊的分布式数据库，特别是公有链，它会在互联网上形成一个大规模的分布式系统，在各个节点上对账本进行保存和备份。这样做的首要好处是防止了计算机系统中极力避免出现的单点故障（Single Point of Failure）。一般来说，区块链系统的账本数据在每个全节点上均有一份完整备份，可防止数据丢失和损坏。这也是一般分布式系统的优势。分布式系统的第二个好处是可以利用多机并行计算的特性来提高系统性能。

但是在区块链领域里，分布式系统似乎没有发挥出这种优势，而且很多时候反而会因为节点间的大规模扩展而影响到平台本身的性能，这是为什么呢？

为了理解这个问题，我们需要回顾和梳理分布式系统里共识问题的原理以及对应的解决方案：共识协议。

5.1　共识与一致性

在正式开始讨论共识之前，先来讨论一个与共识相关度很高的概念——一致性。这两个词语在区块链领域内似乎经常被混用甚至相互替代，但这两个概念之间仍存在差别。简单来说可以理解为：**一致性是分布式系统要达成的目标，**

而共识协议是实现一致性的方法和途径。

5.1.1 一致性

一致性是指多个分布式网络中的节点所保存的同一份数据的多个副本之间对外呈现相同的表现。在分布式账本系统中，除了一般意义上的所有数据副本均相同之外，还应认可系统对交易的排序结果。

因此，如果用"龙与地下城"体系来做比喻的话，仅从共识的层面来看，所谓节点的"作恶"，与其说它处在"邪恶阵营"，不如说它更像是属于"混乱阵营"：推翻或阻碍对交易顺序达成一致，将有序变得无序，从而实现更高层次上的作恶，包括实现"双花"攻击、使系统无法使用等。

毫无疑问，保持有序的这种一致性是分布式系统尤其是商用分布式数据库等案例所需要具备的特性。但这也会引出上面提到的问题：分布式系统的性能优势为什么没有发挥出来？因为让各个节点间的数据时刻都保持一致需要付出巨大的代价。

当节点间账本数据均一致的时候，用户无论访问哪一个节点均可以得到相同的结果，并且可以在多机之间分摊负载，提高访问读取的效率，但问题在于当用户对某一个节点上的账本数据进行部分修改的时候，需要将最新的账本数据在节点间进行同步，以此来保持节点间账本数据的一致。这需要设计一个同步机制来实现，而这往往会大幅度地降低系统性能。

这就似乎陷入一种矛盾当中：分布式的方式本身应该可以解决可扩展性问题，但在分布式部署后又将扩展性问题带回到分布式系统中。

不过，作为系统实现目标，一致性也有强弱之分。在放松对一致性的要求后，可以提高系统的整体可用性。这也是在工程实践中行之有效的做法。

一致性通常可按照标准的高低分为强一致性和弱一致性两大类。

强一致性（Strong Consistency）：要求节点无论在何时进行数据的读取操作，均会返回最新一次写操作后的结果数据。

强一致性主要包括**线性一致性**（Linearizability Consistency）和**顺序一致性**（Sequential Consistency）等。其中线性一致性需要依赖于一个全局时钟，即从全局时钟的角度看各个进程的读写操作一致。这也就意味着节点自身不能存在宕机等故障，节点间数据同步可在瞬间完成。这些要求十分严苛并且需要依赖于一个绝对的全局时间对事件进行排序，因此可以认为这是一种比较理想化的模型，现实中较难实现。

而顺序一致性，只需要确保各个进程从自身角度能看到的全局顺序在各个进程间均一致，不需要和一种绝对的全局时钟进行比较。

弱一致性（Weak Consistency）：相对于要求严格的强一致性，弱一致性放宽了对数据读写时同步性的要求，可以允许某些时刻访问的数据不一致。其中比较典型的是最终一致性（Eventual Consistency）。最终一致性，不保证任意时间点上节点的数据均相同，但需要在经过有限的时间后达到数据上的一致。这实际上可以通过放宽系统的目标要求来降低系统实现的难度。

可以看到，我们需要根据实际需求来选择要达成一致性要求的目标。实践过程中，最终一致性大部分情况下都与业务场景需求较为匹配，可以满足用户的使用要求。

5.1.2 共识

在选择好适当的一致性目标后，共识就是针对某个提案（proposal）达成一致的方法，最终要让各个节点（副本）上的账本数据实现我们提出的一致性要求。

而要声明一个共识算法可以正确地实现目标，Leslie Lamport 在 1977 年从理论上提出分布式算法需要证明它具有 Safety 和 Liveness 两个特性。

- Safety：不好的事情不会发生。例如，共识算法需要保证产生正确的结果。
- Liveness：好的事情终将发生。例如，共识算法应当在有限的时间内结束。

这两个概念看上去虽然拗口，但很合理，分布式算法不就应该满足这些条件吗？实际上，由于可能存在消息丢失、节点宕机等情况，共识算法仍然需要在 Safety 和 Liveness 之间进行权衡。

5.2 FLP 和 CAP

针对上述种种问题，后续又有许多学者从学术理论到工程实践进一步发展了分布式学科，其中最著名的莫过于 FLP 和 CAP 理论。这些理论为分布式系统的设计开发浇了不少冷水，从理论上证明分布式系统的很多美好特性无法实现。不过，这些理论从另一个角度指明了应该如何设计分布式系统。

5.2.1 FLP

FLP 不可能原理是一个关于共识的重要理论，由 Fischer、Lynch、Patterson 三位学者在 1985 年提出，并以三人姓氏的首字母作为缩写命名。

该原理是指：如果网络中的消息传递无法确保可以在一个已知的、有限的时间里完成（即异步网络），即使其中一个节点可能出错，整个网络也不可能达成共识。该原理为分布式系统设计者的一个悲观的预期：不要试图找到一个万金油式的共识算法。

而且现实中的网络，特别是互联网环境下，通信在很多时候并不可靠，会存在超时、网络中断等异常情况，发送者并不知道接收方只是反馈得很慢还是彻底宕机了，比较符合对于异步网络的描述。因此，在互联网环境下实现一个任何条件下均能实现一致性的共识协议并不可能。但这并不意味着完全无法实现共识。

5.2.2 CAP

虽然 FLP 指出任何情况下均适用的共识并不存在，但是只保证实现一部分目标，放宽或放弃其他要求，是不是就可以达成一致了呢？CAP 定理（CAP Theorem）从理论上指出了这一可能性。虽然它的表现形式仍是以"不可能三角"的否定形式出现，但它经过了严格的理论证明，为分布式系统的设计与实现从理论层面向工程实践层面推进了一步。

任何一个进行数据共享的网络系统都无法同时保证数据一致性（Consistency）、服务可用性（Availability）种分区容错性（Partition-Tolerance）。

- 数据一致性：共享数据副本之间呈现出统一且实时的数据内容。另外需要指出的是，这里的一致性指的是前面所提到的强一致性。
- 服务可用性：所有的数据操作总会在一定时间内得到响应。
- 分区容错性：通常由于网络间连接中断而导致网络中的节点相互隔离而无法访问，但被隔离的节点仍可正常运行。

在以上三者之间进行权衡的情况在实际运行中也存在很多。

保证"C"和"A"：在一个机房环境内的分布式数据库或集群里，多个服务器可避免单点故障的情况，实现服务的高可用；同时，整个集群的分布式数据也可对外呈现出统一的数据情况，实现数据的强一致。但这都建立在集群间的网络连接高度可靠的基础上，即无法满足"P"——分区容错。

但在公网环境下，由于存在前面所提到的各类网络异常情况，分区容错性并不是一个可选项，而是必须考虑的一点。因此 CAP 在实践中很多时候也是在"C"和"A"之间进行权衡。

保证"C"和"P"：例如网银系统或金融交易系统等，需要时刻保持客户端与服务器端的数据一致。当网络中断时，这类系统的策略是宁可不用也不能让这些宝贵的业务数据错乱，即牺牲可用性"A"。

保证"A"和"P"：很多时候互联网用户的数据并没有想象中那么"重要"。例如，对于一般的网页内容，当网络中断时，用户也可选择"脱机显示"浏览器之前缓存的内容。这时如果服务器端进行了数据更新，本地浏览器并不能实时反映出来。很多互联网系统的缓存设计也是用这个思路：在允许数据不一致的情况下，实现高可用，即牺牲了"C"。

而其实，"C""A""P"这 3 个特性并不是非此即彼的关系，而是可以根据实际情况进行部分弱化。

- 对于一致性"C"：前面在介绍一致性时提到，除强一致性之外，还有最终一致性等弱一致性目标，可根据实际需求制定。
- 对于可用性"A"：除了从 4 个 9（即 99.99%）降到 2 个 9（即 99%）这种从时间角度来弱化可用性的思路外，还可以通过从读写等不同操作来细分可用性。例如，当客户端与服务端无法连通时，只允许客户端读取原有数据，而暂时不允许再写入，即牺牲部分可用性，以保证数据的一致性。
- 对于分区容错"P"：分区容错的情况较为复杂。根据不同的划分维度，分布式系统中也对网络环境进行了各种分类，可参考用于工程实践中对算法所适用环境的假设描述。

例如，根据网络通信模型，我们可以有同步网络、异步网络、半同步网络等。除上文提到的理想情况下的同步网络以及较为糟糕情况下的异步网络之外，还可以假定分布式系统处于**半同步网络**中：在不超过某一特定时间内，大多数的网络消息均可完成收发限；无法确认消息何时到达的，只是少数异常情况。

又例如，根据节点错误类型，我们有以下不同情况可针对性的界定[1]，如表 5-1 所示。

表 5-1 根据节点错误类型的可针对性的界定

错误类型	服务器行为描述
宕机型错误	停止服务；但在停止前正常工作
忽略型错误 □ 无法接收 □ 无法发送	无法响应请求 □ 无法接收发来的消息 □ 无法发送消息
超时错误	未能在指定的实时间隔进行响应
响应消息错误 □ 值错误 □ 状态转换错误	响应不正确 □ 响应值错误 □ 与正常控制流程不一致
任意类型错误	可能产生任意次的任意响应

其中，可以假定节点只可能存在宕机类的错误（Crash Fault），那么就可针对性地设计出宕机类容错（Crash Fault Tolerance）的共识协议。事实上在区块链之前，已经有不少共识协议被设计出来并应用在分布式数据库等系统中，例如 Paxos、Raft 等。

大多数情况下（例如在保证节点处在可信环境的情况下，不少区块链项目目前在探索使用 TEE，将其用于区块链领域内的共识），仅能处理宕机错误的 Paxos 和 Raft 不能直接用于区块链平台。与分布式数据库相比，区块链对于一致性问题的设计和实现要更为复杂，这也是为什么区块链不只是一个简单的分布式数据库的原因之一。

那么，对于区块链应该如何假设呢？因为区块链上保存了数字资产的账本，所以应以最坏的打算来推测其所处环境，即最后一种类型：**任意类型错误**。它是指有可能产生原本不应该输出的内容。这类错误即著名的**拜占庭错误**（Byzantine Fault），最早由 Pease 和 Lamport 在 20 世纪 80 年代通过拜占庭将军问题进行描述和分析[2]：古代拜占庭帝国有若干个将军试图攻打他们敌国的一个城市，并在该城市周边各自驻扎了下来。为了确保作战顺利，拜占庭的将军间必须商讨出统一的作战计划，例如进攻或撤退。然而，他们两两之间都不在一起，只能通过信使来传递消息。更糟的是，将军之中可能存在叛徒，扰乱作战计划的制定。问题就在于，是否存在一个算法可以确保所有忠诚的将军达成一致？

在提出该问题后，Lamport 同时提出了两种解法：第一种为"口头消息"的 OM（m）协议，即除了链路上可使用加密安全保障外，不允许使用任何加密算法。采用该算法时，问题有解的充分必要条件是 2/3 以上的将军是忠诚的；第二种为"加密消息"的 SM（m）协议。该算法与第一种的不同之处在于使用签名算法。每个节点都能产生一个不可伪造的签名，并可由其他节点进行验证。该算法可在有任意多个叛徒（至少还应有 2 个忠诚将军，否则问题无意义）时，问题均有解。

但这两种算法还存在一定的局限性，无法直接用于生产：口头消息协议需要两两之间递归地传递大量消息，因此消息复杂度很高，为指数级，不具有可实际操作性；而加密消息也要假设是在一个同步网络内进行，同时还要在网络运行前确定签名身份体系信息，较难实现扩展。因此直接使用算法的实用性价值不高。

为了实际可用，学术界后来又不断进行探索研究，诞生了 PBFT（Practical Byzantine Fault Tolerance）等更为实用的共识协议。特别是比特币诞生以来，区块链的应用场景需求激增，拜占庭将军问题的共识协议更是如雨后春笋般不断涌现。

5.3 区块链中的共识及思路

区块链中的共识是需要实现拜占庭容错（Byzantine Fault Tolerance）的共识。目前按照解决问题的思路，主要可分为两大流派，即 **BFT 类共识**和 **PoX 类共识**（Proof of X）。如果需要用一句话来概括，那么 BFT 类共识是基于"投票"的方式，PoX 共识则是基于"彩票"的方式。

5.3.1 BFT 共识

BFT 类共识方法的思想，基本上延续了 Lamport 最初在提出拜占庭将军问题时的解决思路——通过节点间的消息传递与比较判断，即上文所谓"投票"来达成一致。如果应用于分布式账本领域内，可认为这个共识过程是**先共识、再记账**：先互相确定好记账的内容，根据一定的规则（例如少数服从多数的原则）达成一致后，再将达成一致的结果记录在各自节点的账本上。

这类共识的优点在于：因为一般只需要节点之间的信息传递与比较，所以 BFT 类共识达成一致的速度往往也较快，并且共识结果具有确定性，不会像 PoX 共识一样是概率收敛的，因此适合应用于金融等对结果一致性要求高的业务场景。

但这类共识的缺点也很明显：因为需要节点间互通有无、消息传递量较大，当节点规模较大时存在性能问题，所以应用在公有链时存在一定挑战；其次，由于是基于投票的方式进行，很多 BFT 类共识允许出现的最大作恶节点数量不超过总节点数的 1/3，容错率相对较低；最后，很多 BFT 类共识要求事先确定好共识节点，因为允许任何节点随时加入/退出会增加女巫攻击风险。

5.3.2 PoX 共识

PoX 共识的思想是一种基于概率的方法，由符合某种规则的节点在"证明"自己具有记账权的同时完成记账/出块的动作。但这种方式不可避免地可能会存在多个节点都符合规则并完成了记账工作的竞争情况。那么此时则按照事先定好的原则，例如最长链、最大计算难度等确定出竞争的获胜者；各个节点都按照这个获胜者来记录账本。所以，可认为 PoX 共识是先记账，再共识。

这类共识在以往单纯的共识过程基础上引入了激励机制，通过博弈论与经济学上的一些方法来"惩恶扬善"。尽管比特币网络的转账效率、编程扩展性等各方面无法让人满足（也应当感谢这种"不完美"！它从另一个层面促进了区块链技术的发展），但比特币网络能够健壮地运行超过 10 年而没有发生致命的问题，很大程度上归功于 PoW 共识机制设计。

而 PoX 共识的缺点在于，原始的 PoW（工作量证明）方法尽管已证明有效，但效率较低且存在能源浪费的情况，而其他改进的共识方法还有待实践的进一步检验；结果的确定性是概率性收敛的，只是随着时间的推移，早期的区块变得越来越安全，但理论上仍然存在被攻击而推翻已有共识进而实现双花的风险。学术界对于在理论上认为这种方式是否是能达到一致性的一种"共识"方法仍然存在争议。而且事实上，实现双花攻击的案例不算新鲜事，仍有不少币种处于高风险状态，需要引起足够重视。

5.4 PoX 类共识

顾名思义，PoX 类共识，是指需要以某种代价或资源来"证明"该节点可以获得一定概率或比率上的记账权。根据所需要提供的证明内容的不同，比较典型的共识包括：工作量证明 PoW、权益证明 PoS、代理权益证明 DPoS、PoA、PoET、空间证明 PoSp、声誉证明 PoR 等。

5.4.1 工作量证明

工作量证明（PoW）需要各个节点来执行一项较难完成但较容易验证的工作来实现共识。

比特币网络中的计算根据上一个区块的信息来确定下一个待挖区块的目标结果值。但这个过程采用的是单向计算的哈希函数，因此只能采用暴力尝试的方式来试图凑出答案，从而控制一定时间内网络中的提案数量。计算存在一定难度，并且难度会随着实际计算时间进行动态调整。

当网络中有两个或两个以上的节点在同一区块的基础上算出了哈希，并且都向网络中广播了自己打包的区块后，区块链则认为是产生了分叉，需要确定哪一个才是主链，即分叉选择策略。比特币采用最长链机制，即按照链的长度来确定主链。出于经济利益最大化的考虑，诚实的矿工一般会立即抛弃不是最长链的区块而在当前最长链上去竞争下一个新的区块。通常，一个区块中的交易内容，要经过后续至少 6 个以上的区块才在大概率上不会被算力竞争所抛弃，即被认为是确定状态，以此来避免双花攻击问题。

而 PoW 也在一定程度上避免了女巫攻击（Sybil Attack）。女巫攻击是攻击者伪造大量的假节点加入到网络中，以此来蒙蔽正常用户。公有链的网络无须访问许可，使得此种攻击方式成为可能；但在 PoW 共识下，生成区块均需要耗费大量算力，从而避免了女巫攻击。

PoW 的一些问题

PoW 还存在其他一些问题，包括能源浪费、由挖矿而导致的攻击等。

"无意义"的能源浪费

为了获取"挖矿"，收益的节点会进行大量的哈希运算。据估计，仅比特币网络的挖矿在全世界范围内消耗的电力就可达 2.55 GW，与爱尔兰的耗电量相当，并且耗电量仍在持续快速上升[3]。

因此，很多人此前在研究如何将 PoW 的计算内容从无意义的哈希运算应用到更为实际的运算场景。而 PoW 本身最早在 Hashcash 中用于过滤垃圾邮件和防止 DoS 攻击。目前也有很多区块链平台将 PoW 的场景扩展到更多实用领域。

但是，将看似无用的计算用于其他实际意义场景的算法，有可能会降低网络的安全性。因为这些"有用"的计算，使得攻击者在攻击的同时，还可以顺带完成一些其他有实际价值的工作，因而相较于比特币网络的纯粹电费支出，这种方式相当于变相地降低了攻击成本，有可能会诱发更多的攻击。

挖矿相关的攻击

尽管比特币的 PoW 在事实上较为成功，从实践的角度来看比 PoS 等共识更为稳健，但不可否认的是，PoW 也存在较多的安全风险需要防控。学术界对此已有不少研究[4]。常见的攻击以及相应的对策如表 5-2 所示。

表 5-2 常见攻击及其相应对策

攻击名称	描 述	对 策
竞争攻击（Race Attack）①	同时向网络中发送两笔交易，其中一个发送给商家，使商家误以为已付款；另一个发给自己并且包含足够高的手续费。因此矿工更有可能打包发给攻击者自己的交易，从而使商家受损	在网络中增加观察者角色；商家不应在交易时接受不明身份的直接节点连接
Finney 攻击（Finney Attack）	不诚实的矿工为了实现双花，在交易中广播他设计好的预挖区块，使得受害者误以为对方已付款	在比特币交易多次确认后再发货
Vector76 攻击（Vector76 Attack 或 One-Confirmation Attack）	竞争攻击与 Finney 攻击的组合	同上
51% 攻击（51%Attack 或 Majority Attack）	掌握了 50% 以上的算力后可以实现的 PoW 算力攻击	在网络中增加观察者角色；限制大矿池的出现
自私挖矿	恶意矿工挖到区块后并不立即公布出去，而是挑选一些特定的时间再公布，从而使得网络中其他矿工的区块无效、损失收益，同时有可能实现双花	同上
扣块攻击（Block Withholding Attack）	Finney 攻击的另一种复杂形式，主要针对矿池。矿工在挖到块后并不广播，而是自己用哈希获取挖矿奖励，从而使矿池受损	矿池只接纳可信赖的矿工加入；实时监控收益，当收益出现异常下降时采用暂时关闭等应急手段

① 竞争攻击、Finney 攻击、Vector 攻击、51% 攻击等均为实现双花的攻击手段。

从目前的实践来看，已有不少案例成功地对 PoW 网络实现了 51% 攻击。

2018 年 5 月，有恶意攻击者对比特币黄金（Bitcoin Gold，BTG）成功执行了双花攻击。由于该攻击者在一段时间内控制了 51% 以上 BTG 网络的哈希算力，因此他可以首先向一个加密货币交易所存入 BTG 而后又通过竞争挖矿记账将这些 BTG 存入攻击者所控制的钱包内，"撤回"原先的充值交易，从而实现双花。据消息称，这次攻击使交易所损失了数百万美元。

无独有偶，2019 年 1 月 5 日，以太经典（Ethereum Classic，ETC）也遭遇了双花攻击，同样涉及多个交易所的充值。

由于自 2018 年以来加密货币的价格较历史高点呈下降趋势，不少币种价格无法覆盖其挖矿成本，一些矿池出现了折价出售矿机的情况，也导致有不少空闲算力在市场上可供出租，攻击成本降低；而攻击收益在这种情况下会超过正常挖矿收益。另一方面，在网络算力整体下降的情况下，攻击的成功率也会随之提高。因此可以预见的是，未来这类攻击事件将会越来越多。基于 PoW 的区块链的研发者、运营者们应当注意，可以并用实时监控算力分布、设计多层共识等方式来降低此类攻击的可能性。

PoW 的一些改进

PoW 在最初中本聪设计的共识之后也在一些方面进行了改进。

分叉选择策略改进

首先是对于分叉选择策略的改进。比特币采用的最长链机制，呈现出赢者通吃的情况。

一些区块链系统采用了其他策略。例如，以太坊认为在挖矿竞争中失败的矿工也为整个网络提供了服务，应当予以一定的奖励，因此带来了叔块（Ommer）的概念。在这种情况下，要确定主链的方式，以太坊采用了另一种策略——GHOST（Greedy Heaviest-Observed Sub-Tree）协议，即由简单的最长链策略改为了包含叔块在内的区块最多的一条链，如图 5-1 所示。

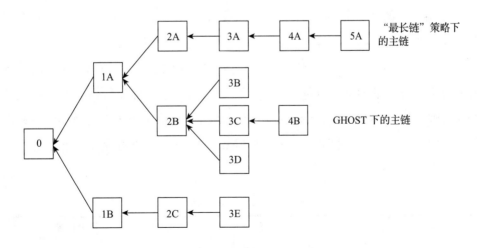

图 5-1　以太坊采用了 GHOST 协议

哈希算法改进

哈希算法是一种为数据生成其摘要信息的方法。哈希并不是一个加密算法，只是将原始数据压缩成摘要，将数据量变小，形成可代表该数据特征的一种"指纹"。因此，哈希算法是一个单向过程：无法从哈希值倒推出原始数据，但可以用原始数据很快地计算出哈希值。利用该特性，可以很方便地验证给出的原始数据与哈希值是否匹配。例如，因为网络通信中数据可能会被损坏或丢失，许多网站会同时提供下载文件和该文件的哈希值，以便用户来验证下载到本机的文件是否完整。

在区块链领域内，哈希算法主要用来 PoW 时的工作量证明，即矿工是否找到了一个数值可以满足当前区块的哈希值要求。

通常而言，哈希值的位数越长则越安全，但计算时间也会越长，因此不同的区块链系统会根据自身需要来选用不同的哈希算法。

比特币使用了 SHA-256 的哈希算法。SHA 是 Secure Hash Algorithm（安全哈希算法）的简写。SHA-256 在 SHA-1 算法基础上进行了改进，会产生一个固定位数为 256 的哈希值。

在比特币之后，更多算法被引入或发明出来用于工作量的证明[5]，在单纯哈希的基础上，还加入了更多计算内容，形成了更为复杂的计算流程。而这些算法设计的目的各不相同，例如，一些是因为密码学上已被证明存在安全隐患，所以需要以增加位数等方式来改进；一些通过内存密集型的算法设计来提升 CPU、GPU 的相对计算优势，以此对抗 ASIC 矿机（因为 ASIC 被专门设计用来快速进行大量尝试，以寻找到满足区块哈希要求的原始数值，但一些人认为这会破坏用户参与程度，形成中心化的垄断；而消费级内存在 ASIC 中并没有价格优势）；还有一些设计用来配合隐私保护。目前使用较多的哈希算法如表 5-3 所示。

表 5-3 常用的哈希算法

算　　法	简　　介	主要使用者
SHA-256	SHA-256 在 SHA-1 算法基础上进行了改进，是在区块链领域内使用最多的算法之一，会产生一个固定位数为 256 的哈希值	比特币、比特币现金、Factom、Peercoin 等

(续)

算法	简介	主要使用者
Scrypt / NeoScrypt	Scrypt 是一种内存密集型的算法，并且比 SHA-256 更简单、计算也更快，能耗更低，因此是 PoW 共识的区块链经常采用的算法之一；NeoScrypt 是 Scrypt 的衍生算法，具有更高的密码强度但内存要求更低	莱特币、狗狗币（Dogecoin）、Bytom（比原）、ReddCoin、CyberMiles 等
ETHash	内存密集型的算法，需要占用大量内存构建出有向无环图的数据结构来进行计算；具体的哈希算法采用的是 Keccak。未来以太坊可能会改用 ProgPoW 来进一步对抗 ASIC	以太坊、以太经典等
X11/X13	X11 由 11 种不同的哈希算法组成，是目前区块链中使用的最安全也是最复杂的算法之一。其后续改进算法还包括 X13 等	达世币、Enigma 等
CryptoNight	针对普通家用计算机 CPU 设计的算法（降低了 GPU 和 ASIC 挖矿效率，并为移动设备和小型 PC（例如树莓派）等进行优化）。最早实现在保护交易隐私的开源协议代码 CryptoNote 中	Bytecoin、Monero 等
EquiHash	其设计原理基于广义生日问题，也是内存密集型的算法，使用 GPU 挖矿较有优势，挖矿量取决于内存大小	Zcash、比特币黄金、Komodo、Aion、Beam 等
Cuckoo Cycle	基于图论的 PoW 算法，与 EquiHash 类似，也需要在大量数据中寻找匹配；不同之处在于其降低了一个数量级的内存需求量，因此快速的内存将更有挖矿优势。该算法还有一些变种，例如以简化 ASIC 改进的算法，被称为 Cuckatoo Cycle；抗 ASIC 的 Cuckaroo Cycle	Aeternity、Grin 等

5.4.2 权益证明

可以看到，前面介绍的许多 PoW 算法改进方向都是抗 ASIC，以解决挖矿时的不公平问题：拥有专业挖矿设备的人会得到更高的回报。除了从变换工作量类型来进行用户平衡之外，有些改进使用了其他类型的共识机制。

权益证明（Proof of Stake，PoS）与 PoW 竞争挖矿造成的能源浪费和效率低下不同，PoS 共识一般以节点投入的通证数量和持有通证的时间长短（币龄）来计算可记账权的比率。与 PoW 投入成本进行算力竞争不同，PoS 的博弈思想是持有通证数量越多的人越值得信赖。因为当这类人作恶时，自己会损失得更多。

因为实现上的困难，早期的 PoS（例如 Peercoin）采用 PoW + PoS 的混合方式，通过 PoW 来控制提案的发送。

随着技术与研究的投入，纯粹 PoS（Pure PoS）被越来越多地提出和应用。未来币（Nextcoin，NXT）是该机制的代表性平台之一，每 60 分钟根据持有通证的多少来选择矿工；矿工获得挖矿权后的工作和 PoW 类似，包括验证交易、记录挖矿收益、打包区块并广播等。

为了能在纯粹 PoS 机制下更好地选择出块者，Bentov 等人[6]提出了 Follow-the-Satoshi 算法，如图 5-2 所示。其中 Satoshi 是比特币的最小货币单位——聪。这个算法的思路较为简单，将随机数以最细粒度（例如比特币"聪"）的方式映射到目前所有已挖出的通证上。这样可以将当前所有持有通证的用户按照 Merkle 树的方式组织起来。此时，树的"叶子"不再代表区块，而是用户及其通证数量。当选择出块用户时，算法从树根开始，按照权重大小随机决定每次的左右选择方向，直至最终选出出块用户。

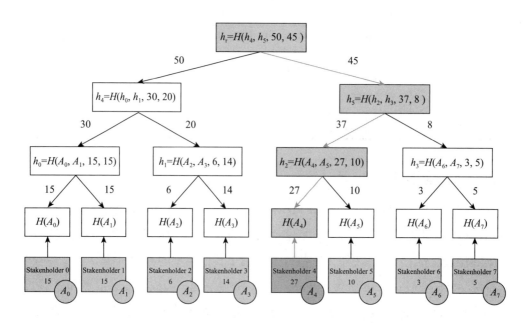

图 5-2　Follow-the-Satoshi 算法示意（来源：https://github.com/Realiserad/fts-tree）

PoS 的特点

PoS 共识一般对系统硬件要求不高，参与者只需要很小的硬件投入成本即可参与到网络共识中，这使得可以参与到共识中的潜在受众规模变得更大。

PoS 的通证在整个区块链体系中更像是以股份或存款的形式而存在：通过质押通证来获得"分红"或"利息"。这种方式的通证经济体系会更易于使发行者、持有者、开发者等的利益绑在"一条船"上，从而使生态体系具有较强的生命力和适应力。

另一方面，攻击 PoS 共识的系统比攻击 PoW 的系统成本更高，相对更安全。因为 PoS 的挖矿收益类似于利息，只要设置好合适的激励惩罚机制，在发现作恶者利用"本金"进行下面将提到的一些攻击后，对本金进行惩罚，则会让攻击者得不偿失。

PoS 的一些问题

不过 PoS 也存在一些该共识特有的问题。首先是无权益问题（Nothing At Stake）。

这个问题是指，用户在 PoS 中可以同时在两个分叉上面下注而不会受到损失。这样，无论哪一个分叉后面被公认为主链，该用户都可以获得奖励而没有机会成本的损失。这样也在事实上会干扰共识的形成。与之形成对比的是，在 PoW 中不会存在这种问题，因为在两个分叉上都进行挖矿所需的计算量太大。

Vitalik 在 2014 年也提出了避免这种问题的两种思路 [7]：

❑ 对在同一个区块上面进行多次下注的，引入一个惩罚机制。
❑ 无论是否是多次下注，"压错"主链的用户都会受到惩罚。

除此之外，还有其他一些解决办法。例如，Peercoin 在 PoS 共识基础上还综合使用了 PoW 来控制提案的发送；NXT 的方式是不引入挖矿机制，所有的 NXT 一次性创建在创世区块中，通过公式确定未来的区块由哪个节点来生成，也同样通过利益博弈来引导节点不去作恶。

另一个问题是 PoS 的长程攻击（Long Range Attack）。

在 PoS 链上线的早期，很有可能在一个阶段中一小部分矿工持有大部分的通证，那么在未来的某个时候，掌握了早期通证的这个人或这些人会从链的早期开始重新分叉一个新链来实现双花，而且这个新链接下来很多个区块的挖矿收益可能仍然会由这些作恶矿工所掌握。

在 PoS 的共识机制下，从理论上来看很难避免这种攻击。不过有些办法还是可以限制这类攻击的产生的，目前主要采用一种偏向于中心化的方式来锚定一个主链。

例如，Peercoin 每天会公布其公认的主链哈希，从而避免这个时间检查点以前的长程攻击；Casper 可能会用一些可信节点来公布这个哈希；而 NXT 是将当前 720 个区块以前的交易内容认定为不可修改。

除了针对性地解决上述问题以外，后续采用 PoS 共识的区块链系统从各个方面对 PoS 系统进行了改进。

Blackcoin[8] 提出了 PoS 2.0 协议的概念，在设计 PoS 时去掉了币龄并做出了许多对应的修改以解决安全问题。这一方式也被后来的很多区块链项目所使用。

除此之外，还包括以下从共识角度的改进或应用。

PoSV

权益流通证明（Proof of Stake Velocity，PoSV）最早由 Reddcoin 提出，它在 PoS 基础上加入了用户活动的概念。

这种设计观点认为：PoS 共识在设计时只考虑了持有 token 的情况，而这类 token 与传统货币之间的最大区别并不是采用了数字技术，而是没有考虑到经济与社会属性。PoS 很大程度上鼓励用户囤积 token。这除了会影响用户使用积极性之外，还会对 token 未来的分红方式产生不利影响。

而在 PoS 基础上加入流通速度"V"形成的 PoSV 设计，类似经济学上货币的相关概念，被定义为 token 被转移的次数。通过这种设计，PoSV 既鼓励用户持有资产（Stake），也鼓励用户进行更多的活动（Velocity），例如交易等以增加价值流通来获取更多的收益，以此来对应到传统货币上的价值存储和流通中介两个功能。

DPoS

代理权益证明（Delegated Proof of Stake，DPoS）对 PoS 这种全员参与的投

票机制进行了修改，用户用通证选出自己的代表，再由代表来完成共识的过程。

在挖矿参与的节点数量降低后，DPoS 的共识速度会变得很快。但缺点也很明显，就是比较中心化。

与 DPoS 结合使用更多的是以 DPoS+BFT 的方式来实现共识，即 DPoS 来选出共识节点，然后用 BFT 方式在这些节点中进行共识。这一方式将在 5.6 节中进行具体介绍。

Casper

为了解决挖矿耗能、网络中心化、性能扩展等多个问题，以太坊目前在通过 Casper 试着从 PoW 转向 PoS。可将 Casper 视为以太坊版本的 PoS，但 Casper 目前并不是一个协议，而是包含两个由以太坊团队发起的设计实现，包括 Casper FFG 和 Casper CBC。

Casper FFG[9]（Casper the Friendly Finality Gadget）是一种 PoW+PoS 混合的机制，希望将 PoS 机制逐步引入以太坊区块链网络中。在这种共识协议下，区块生成的主要过程将仍然通过 PoW 挖矿来进行；不过每间隔 50 或 100 个 PoW 生成的区块，则会设置一个 PoS 的检查点，由验证人对这个检查点上的数据内容进行验证和投票。

相应地，Casper FFG 在解决分叉选择问题时使用了一种新的方法（见图 5-3）。和简单地选择最长链不同，在具有检查点的情况下，Casper FFG 认为具有最多被验证过的检查点的链是当前主链。

验证人的产生是一个动态过程。每隔一段时间根据网络中的投票情况进行动态选择来确定。同时，验证人需要在智能合约中锁定一定数量的通证作为"保证金"；在发现验证人试图作恶，例如发动无权益攻击时，罚没这些保证金，以防节点作恶。

Casper CBC（Casper the Friendly GHOST: Correct-By-Construction）是 Casper 的另一个研究方向。Casper CBC 比较通用和抽象，可用于任何一种类型的数据结构[10]。

很多人将 Casper CBC 视为 Casper FFG 的竞争对手或 PoS 的一种实现方式。不过严格来说，Casper CBC 并不只是如此，而是一系列共识协议及其构建技术。

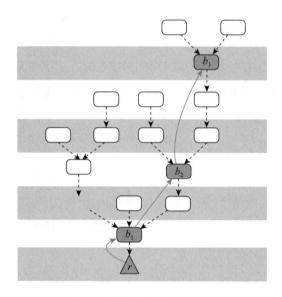

图 5-3　Casper FFG 分叉选择策略，该例中主链为 $r \rightarrow b_1 \rightarrow b_2 \rightarrow b_3$[9]

Casper CBC 的思想是以挖区块的方式来进一步巩固主链的优势。如果只看这一目标描述，似乎和比特币等 PoW 方式并没有两样。不过 Casper CBC 在分叉选择策略上使用的是最新消息驱动的最重子树策略（Latest Message Driven GHOST，LMD GHOST），相较于最长链策略，LMD GHOST 具有更好的"黏性"，将更有助于主链的稳定，"切换"主链的概率将更低。

其基本策略是当出现分叉时，该策略认为由多数验证者验证过的链才是主链。这样，无论少数攻击者发出多少个消息或生成多少区块，都无法取代原有主链。因此作恶者将较难分叉出一个新链来实现攻击。例如，在长程攻击的场景中，个别验证者在一些历史区块上分叉出一个新链，但 LMD GHOST 的分叉选择策略仅支持原有主链，因为主链上的被验证者验证过的区块数量最多。

另外，如果一个验证者提出的新区块并没有引用（即验证）自己此前生成的区块，则该验证者将受到惩罚。这样，可保证验证者不会自己生成分叉，排除潜在的攻击。

可以说，以上两种 Casper 的设计各有特点。目前以太坊 2.0 将主要按照

Casper FFG 的设计来推进；而 Casper CBC 的其中一些实现版本可能会被吸收和采用。

Ouroboros

Ouroboros[11] 是第一个以学术论文形式给出安全证明的 PoS 共识算法，其名字来源于北欧神话中一个首尾相连的蛇，形象地解释了该算法的运行过程。

该算法以 Epoch 为时间单位运行；每个 Epoch 分为许多个时间槽（Slot），每个 Slot 最多只能产生一个区块；每个 Slot 产生的挖矿收益将在下个 Epoch 生效。

从执行过程上来看，算法主要步骤如下。

- 获得随机数：为解决无权益攻击等安全问题，Ouroboros 使用安全多方计算（Secure Multi-Party Computation）得到一个安全的、无法被操纵的可验证随机数。这样既避免了验证人被操纵，也降低了竞争挖块而导致网络分叉的可能性。
- 选出记账者：基于生成的随机数，使用 Ouroboros 共识的 Cardano 区块链平台使用了前面提到的 Follow-the-Satoshi 算法选出每个 Slot 的记账者。

5.4.3　其他 PoX 共识

随着公链技术的快速发展，各类适用于大规模网络的 PoX 共识层出不穷。这里，我们选择几个比较有代表性的共识方法进行对比介绍。

权威证明与声誉证明

权威证明（PoA）的思路是，网络中的交易均由一批被称为验证者的可靠账户或节点来完成交易验证并打包生成区块。节点在成为验证者之前需要进行验证，然后被系统指定或完成一些较困难的任务来取得验证者资格。

应用这种方式的区块链平台主要包括 POA.Network 和以太坊的 Kovan 测试网等。

另一种与信任、信誉相关的共识方法是声誉证明（PoR）。典型的 PoR 区块链平台为 GoChain 等，对参与的节点采用了验证与惩罚的机制。当节点"证明"自己有足够高的声誉并通过验证之后即可作为可信任的节点参与共识，而此后的共识过程可以与 PoA 类似；但如果共识的节点被发现作恶或者试图作恶，则会面临着十分严厉的惩罚，很容易在短时间内毁掉节点积累很长时间的名誉。PoR 以这种高作恶成本的方式来避免共识节点作恶，实现网络的安全。

PoA/PoR 的优点在于不需要进行类似 PoW 的记账权竞争，因此共识速度较快，不需要大量额外计算。

和现实世界中的声誉类似，其缺点是更适合于"熟人社会"，即区块链中的联盟链、私有链等。而且由于交易都是由验证者来完成的，所以会带有一定的中心化特点。

空间存储类证明（PoSp/PoC/PoST/PoRep）

除了计算资源之外，计算机中还有一类有价值的资源是存储。存储空间也可以作为用户参与区块链博弈的一个"筹码"。空间存储类证明与 PoW 类似，但并不是采用计算哈希的工作量证明方式，而是通过用户贡献了存储空间来证明挖矿者付出了代价。

具体到实现细节上会有各类变种，例如 PoC（Proof of Capacity）、PoSt（Proof of Spacetime）、PoRep（Proof of Replication）等。

应用空间证明的区块链系统包括 Burstcoin、SpaceMint、Chia 等。备受关注的 Filecoin 在未来上线时可能也会采用与空间存储类证明类似的共识机制。

在空间证明时，节点用户需要将一段数据发送给验证者，用来证明自己为系统保留了一部分存储空间。验证的过程可以采取"抽查"的方式：验证者会让节点出示其存储数据中一些随机位置上的内容，进而验证该节点是否真的保存了数据。

空间证明是一种对资源比较友好的共识方式，而且存储内容可以与分布式存储业务很好地结合。但缺点在于要实现好并不容易，还有不少问题需要解决，例如，多个节点共用一个存储空间进行女巫攻击、证明时，如果没有进行很好的优化，可能会耗费大量的网络通信资源等问题。

时间证明

时间证明（Proof of Elapsed Time，PoET）由 Intel 在 Hyperledger Sawtooth 项目中提出。它在某些方面和 PoW 完成一个需要耗费一定时间的思想类似，采用的方式是各个节点产生一个随机长度的等待时间，当第一个节点结束等待，也就是产生了最短等待时间的节点时来提交区块，以此方式简化 PoW 的哈希运算过程，直接获得控制网络中提案数目的效果。

可以看到这个想法简单直接，但显然 PoET 的这个共识过程需要保证随机产生这个休眠时间的过程足够随机、足够公平，而且"醒来"的节点也需要能够证明自己已经等待了足够长的时间。因此，与其他很多 PoX 类共识不同的是，PoET 需要基于 TEE（可信执行环境），例如 Intel 推出的 SGX，通过集成硬件的方式来解决随机选择挖矿者的问题。

其优点在于，共识方法简单，易于实现。但缺点是需要使用专门的硬件设备，较难推广至公有链。

燃烧证明

燃烧证明（Proof of Burn，PoB），是一种"烧钱"的证明。和 PoS 类似，挖矿权也是与自身持有通证的多少有关。不同之处在于，PoS 一般会采用持有或投注的方式来计算挖矿概率；而 PoB 需要将通证销毁掉，以此来换回挖矿权。

具体"烧钱"的过程是用户将通证发送到一些随机生成的、其私钥不被任何人掌握的地址。因为没有私钥，可以认为这些通证永远消失了。因此这些地址也被形象地称为食客地址，会像黑洞一样吞噬发送过来的通证。用来烧的"钱"也有多种形式，可以是本平台的原生通证，也可以是比特币等主流品种。燃烧后，PoB 将根据一个随机选择的过程确定用户的未来挖矿权。烧钱越多，那么获得未来挖矿权的可能性就越大。然而"烧钱一时爽"，随着时间的推移，烧钱玩家越来越多，挖矿的概率也就越来越低，因此这也鼓励着用户去"一直烧钱一直爽"。

采用 PoB 的区块链平台主要包括 Slimcoin、TGCoin 等。

这种共识方式在一定程度上可以避免通货膨胀，有利于保护数字资产持有者的利益。但缺点在于这种方式仍然会直接和间接地消耗很多资源，并有可能会依赖于其他区块链系统以及相应的资产价格，例如比特币等。

5.5 BFT 类共识

因为 BFT 协议中，无论是口头协议还是书面协议都不够"实用"，很难在实际场景中直接运用。因此后来学术界和业界对 BFT 协议进行了大量改进。按照改进思路的不同，主要可分为以下 3 个方向：

- 针对无拜占庭错误场景进行优化。
- 针对拜占庭错误场景进行优化。
- 基于密码学的改进。

5.5.1 针对无拜占庭错误场景进行优化

此场景假设大部分情况下，网络中的节点都正常运行，拜占庭错误并不经常出现，因此可对这种节点均正常情况下的共识机制进行简化或优化。

下面根据不同的优化方法，对这些协议进行分项介绍。

基于协约的方法

对 BFT 协议最为经典的改进主要是以 PBFT 为代表的基于节点协约一致（Agreement）的方法。该类协议通常有一个主节点作为网络中的枢轴。与其他节点相比，主节点在共识过程中会发出最主要的作用，但通常也会成为系统性能的瓶颈。因为主节点需要将客户端发来的请求排序后发送给所有的备节点。所有节点通过互相通信后达成一致，实现安全性（Safety）；大多数协议中所有节点也会向客户端回复响应，实现活性（Liveness）。该类协议通常需要 3f+1 个节点来实现对 f 个拜占庭节点的容错。

实用拜占庭容错（Practical Byzantine Fault Tolerance，PBFT）[12] 是对其进行的早期改进，将 BFT 的消息复杂度从指数级降低为 $O(n^2)$ 级别，即具备了可实际使用的条件。正常情况下 PBFT 消息的传播过程如图 5-4 所示。

PBFT 协议将共识过程分为 5 个阶段（如果不算与客户端交互的阶段，则可视为 3 个阶段）：

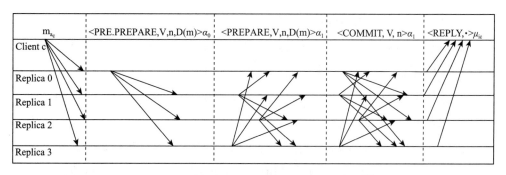

图 5-4 正常情况下的 PBFT 消息传播过程 [12]

- Request 阶段是客户端发送信息。
- 在 Pre-prepare 阶段，主节点接收到消息，对其进行签名并分配一个唯一的序号 n，然后将该消息发送给其他节点。
- Prepare 阶段：所有备份节点收到主节点发来的 PRE-PREPARE 消息后，将一个包含当前视图号 v、消息序号 n、消息摘要的 PREPARE 信息发送给所有其他节点。如果节点收到了 2f 个以上的 PREPARE 消息，则进入下一阶段并且该消息处于 Prepared 状态。
- Commit 阶段：每个节点广播一个保护当前视图号 v、消息序号 n 的 COMMIT 消息。当节点收到 2f 个相同的 COMMIT 消息并且小于序号 n 的消息都已被执行，那么当前消息会被执行并被标记为 Committed 状态。
- Reply 阶段：所有节点将执行结果返回给客户端。

除了以上阶段流程之外，协议运行过程中还涉及几个重要概念。

- 水位：每个节点在运行协议时会设置一个处理消息的窗口，消息序号在这个区间内才会被处理，例如最小序号设为 h、最大序号为 H。
- 检查点（Checkpoint）：在运行提交过程中，所有处于已准备好（Prepared）和已提交状态（Committed）的信息会被记录在内存中。节点会定期（每执行 k 个请求后）记录一个稳定的检查点并截断记录，即每执行 k 个请求后，会将水位 h 和 H 提高 k 个单位。
- 视图切换（View Change）：但是当节点发现对某个消息的等待超过一定时间后，则认为主节点失效，会发送视图切换（VIEW-CHANGE）消息并开始视图切换的过程。

- 批量（Batch）：实际执行中会采用的一些优化改进技术，例如批量方式，即实际程序并不是对单个提交来每次运行协议，而是会以集合形式同时在网络中处理，并通过设置批量大小（Batch Size）的方式来控制处理消息的数量。

在设置以上运行机制后，尽管消息复杂度仍然较高，PBFT 已具备了实际运行的可行性。之后的许多 BFT 类协议均在 PBFT 协议基础上进行改进，并将 PBFT 作为研究对比的基准对象。

Chain 协议。Chain 协议[13]采用一个和其名称很相似的链条式传播路径[14]。从主节点开始，每一次传播时即加入该节点的摘要信息。当客户端较多时，Chain 通常会比 PBFT、Zyzzyva 等吞吐量更高。Chain 消息传播过程如图 5-5 所示。

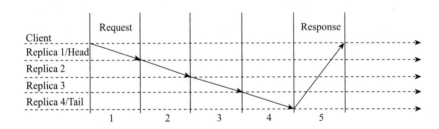

图 5-5　Chain 消息传播过程[15]

Ring 协议。Ring 协议[16]使用环形拓扑方式来传递消息，即每个节点都有消息的上一个发送者和下一个接收者，以此方式来降低对部分节点分配更多工作而形成的性能瓶颈问题。对有无错误的不同场景，Ring 分别采用两种运行模式，即快速模式（Fast Mode）和弹性模式（Resilient Mode），并采用 ABSTRACT 框架进行切换[14]。快速模式下 Ring 消息传播过程如图 5-6 所示。

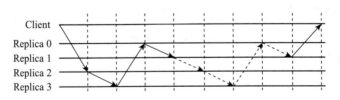

图 5-6　快速模式下 Ring 消息传播过程[16]

BFT-SMaRt 协议。BFT-SMaRt[17] 与 PBFT、UpRight[18] 类似，但增强了可靠性和模块化程度，同时还提供了灵活的编程接口。

基于 Quorum 的方法

Quorum 机制是分布式系统中常用的一种机制，用来保证数据冗余和最终一致性的投票算法。其主要思想来源于抽屉原理，常用于分布式系统的读写访问控制[19]。

该类共识协议不需要节点间相互通信，而是由节点直接执行并响应客户端发来的请求。当受到足够数量的响应后，客户端才会最终提交结果。但是当出现拜占庭错误场景时，通常会花费较大的代价来解决。另外，由于缺少对请求的排序机制，Quorum 方法无法处理有竞争（contention）的情况。

Q/U 协议。Q/U 协议（Query/Update）[20] 是一个典型的基于 Quorum 的协议。Q/U 没有主节点来为请求排序，而是由客户端直接向节点发送请求并由节点反馈结果。它需要 5f+1 个节点来对 f 个拜占庭节点容错。

HQ（Hybrid Quorum）协议[21] 是另一个较为早期和著名的共识协议。正如其名称，HQ 综合参考并优化了 Q/U 协议和 PBFT 协议：只需要 3f+1 个节点进行容错，并针对没有竞争的情况简化了 PBFT 节点间的通信。在没有竞争的情况下，共识主要分为两个阶段：第一阶段是客户端发送请求并收集节点的状态信息；当收到结果表明 2f+1 个节点状态相同且可以执行请求后，开始第二阶段的信息发送，由节点执行请求。而如果发现有竞争，则采用类似 PBFT 的解决过程，性能也退化为和 PBFT 类似。HQ 的消息传播模式如图 5-7 所示。

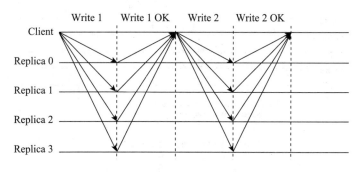

图 5-7　HQ 的消息传播模式[21]

Quorum 协议也是基于 Quorum 机制的共识协议[14]，主要是针对没有客户端竞争的非异步网络而设计的，只需要 3f+1 个节点进行拜占庭容错。当没有错误产生时，Quorum 协议的传播路径和 Q/U 类似，节点独立执行请求并自己维护一个执行历史记录。当客户端数量较少时，其吞吐量和延迟等性能指标均比其他 BFT 类共识更好。但其缺点也和 Q/U 类似，即无法处理客户端有竞争的情况[15]。

基于 Speculation 的方法

在这类协议中，节点不需要通过消耗大量系统代价的 3 阶段提交过程即可响应客户端的请求。它们采用了更乐观的策略，节点同意由主节点发出的排序请求并为客户端返回结果。由客户端而不是节点来负责考虑一致性问题。如果发现不一致问题，由客户端负责通知节点回滚到一致状态。

Zyzzyva 协议。Zyzzyva 是该类中最典型的一个协议[22]。它需要 3f+1 个节点进行拜占庭容错。与基于 Agreement 的协议类似，Zyzzyva 中的主节点也是将客户端发来的请求排序后转发给其他节点。每个节点根据自身历史记录来执行请求并将结果反馈给客户端。客户端根据节点返回的一致性结果数量分别执行不同的动作。

在没有错误的场景下，Zyzzyva 表现比 PBFT 和 Q/U 等协议要好；但是当有错误时，因为要涉及和 PBFT 类似的 view change 过程，其性能也会急剧下降。Zyzzyva 的消息传播模式如图 5-8 所示。

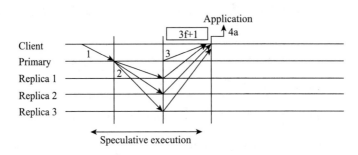

图 5-8 Zyzzyva 的消息传播模式[22]

Zeno 协议。Zeno 协议[23]在 Zyzzyva 的基础上进行了修改，将原有的强一致性替换为一个较弱的最终一致性保证。它允许客户端偶尔忽略其他更新，但是当网络不稳定时，所有节点的状态需要进行合并以达成一致。

ZZ 协议。ZZ 协议[24]同样基于 Speculation 机制。因其还采用了分离处理的机制，也可将其归为"分离处理一致性与执行请求的阶段"的类别，我们将在后续章节对其进行详细介绍。

基于客户端的方法

基于客户端的方法通过避免节点间通信的方式，来避免异常节点对正常节点的攻击、误导或延迟。这类协议完全依赖于客户端的正确性，假设客户端都没有异常、诚实且在宕机时会被外部所感知。

OBFT（Obfuscated BFT）协议[25]是这类协议的典型代表。它需要 3f+1 个节点进行容错，但与其他很多 BFT 协议涉及节点间通信不同，OBFT 协议中的节点完全不需要关注其他节点并只与客户端联系，因此避免了恶意节点干扰其他正常节点从而影响系统性能的问题，不过，这也带来了一个较强的假设：必须完全信任客户端不会作恶。因此该类协议都存在较难在实际场景中应用的问题。OBFT 的消息传播模式如图 5-9 所示。

基于可信组件的方法

因为 FLP 不可能性原理（即使网络通信可靠，也无法在任何场景下都

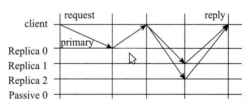

图 5-9　OBFT 的消息传播模式[25]

能达成共识[26]），一些协议并不使用传统的超时等机制，而是基于外部的可信组件进行设计。这些组件也需要被认为是无拜占庭错误的，但允许存在宕机等临时性无法提供服务的情况[27]。基于以上条件，该类协议可以将容错节点数量从 3f+1 降为 2f+1。

例如，CheapBFT 协议[28]需要基于一个叫作 CASH 的 FPGA 可信设备，从而减少正常情况下该协议对于资源的使用。

基于拜占庭锁的方法

拜占庭锁是拜占庭协议的扩展，通过利用 I/O，绝大多数时间里不会出现

利用竞争特性来达到降低服务器响应时间、提高吞吐量与扩展性的效果。

这种方法最早由 Zzyzx 协议[29]提出，包括加锁和解锁两个部分。加解锁过程均基于现有拜占庭协议达成对客户端授权的一致。当授权完成，则获得锁的客户端可直接进行操作，去掉了主节点排序、节点间通信等操作，从而大幅度提高吞吐量。但当有多个客户端需要频繁切换时，其性能也会大幅下降，因此该协议较为适用于客户端不会频繁发生变化的情况。

基于分离一致性与执行请求的方法

还有一类改进方法是将共识与执行提交的过程分开，因为执行客户端请求只需要 f+1 个（当没有拜占庭节点或者客户端可验证结果正确性时）或 2f+1 个节点（当有可能存在拜占庭节点且客户端不可验证结果正确性时），因此可将协议的执行分为两部分，一部分节点负责一致性共识协议，而另一部分负责执行提交，从而提高吞吐量。

ZZ 协议通过虚拟化技术[24]把节点均正常场景下的执行所需节点数量从 2f+1 降为 f+1。在没有错误场景时，只通过 f+1 个节点来执行请求，其余服务器在休息状态；而当执行请求的节点发生错误时，客户端通过虚拟化技术快速启动更多的节点来执行[27]。

ODRC 协议也是将执行节点数量降为 f+1，但与 ZZ 协议不同，它没有采用额外的虚拟化等技术，而是在 BFT 协议过程中的节点达成一致后、执行请求前增加了一个选择执行节点的阶段。该阶段根据当前系统状态选择指定数量的节点执行请求[27]。

5.5.2　针对拜占庭错误场景进行优化

前面介绍的协议均是针对没有错误的场景对 BFT 协议进行简化而设计的，因此当遇到拜占庭错误时，这类协议的性能一般下降得比较多，甚至很难保证系统活性。而另一类协议的改进目的是为了有效对拜占庭行为（甚至是一些罕见的行为）进行容错，降低系统在有无拜占庭错误这两种场景下的表现差异。主要有以下几个比较典型的协议。

Aardvark 协议。Aardvark 协议[30]的通信过程与 PBFT 类似，但对许多可能的错误场景设计了适应性机制以保证系统的安全性和活性。这些适应性机制包括：对客户端采用混合签名等机制来防止客户端作恶；更为积极主动地触发 view change 过程以避免主节点有拜占庭行为；为每个节点设计 3f+1 个网络接口（其中 1 个用于其与客户端通信，其余 3f 个用于节点间通信），以此隔离网络通道来防止流量攻击。

Prime 协议。因为 PBFT 协议中主节点作恶的 view change 过程对性能的影响较大，即便主节点不进行任何主动作恶，只要在处理排序过程中刻意增加延迟就可以降低系统整体性能。Prime 协议[31] 针对此情况进行了改进，在 PBFT 过程前增加了一个预排序的阶段，包括 PO Request、PO ACK、PO ARU 等阶段。通过这种分析主节点排序时间的方式，使得所有节点来监控网络表现。因此主节点必须及时将消息发送给其他节点以避免被替换掉。因为引入了额外的阶段，Prime 在正常场景中的性能比 PBFT 等协议要低；但在存在错误场景中其表现比其他协议要好。Prime 的消息传播模式如图 5-10 所示。

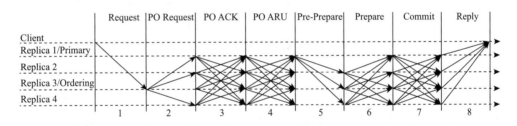

图 5-10　Prime 消息传播模式 [15]

Spinning 协议。Spinning 协议[32] 在 PBFT 协议的基础上被设计用来减少更换主节点的代价。在正常场景中，Spinning 通信过程与 PBFT 相同。不过它没有 view change 过程，而是通过合并操作的方式来收集不同节点信息以决定之前视图中的操作是否应在新视图中执行。

RBFT 协议。Redundant-BFT 协议[33] 利用目前所流行的多核技术来保障鲁棒性。该协议采用与 PBFT 类似的通信过程，但在 Pre-prepare 阶段前增加了一个 Propagate 阶段。客户端首先将消息发送给 f+1 个节点，这些节点在 Propagate 阶段相互传递消息，以此来保证客户端请求会被所有正常节点接收到。RBFT 执行 f+1 个同一个协议的多个实例，其中每个实例都对应一个在不同物理机器上运行的主节点，不过只有被主实例所排序的请求才会被有效执行。备份实例运行的意义主要在于监测运行性能：当发现主实例运行缓慢时，备份实例将触发 view change 过程选择一个新的主实例。RBFT 的消息传播模式如图 5-11 所示。

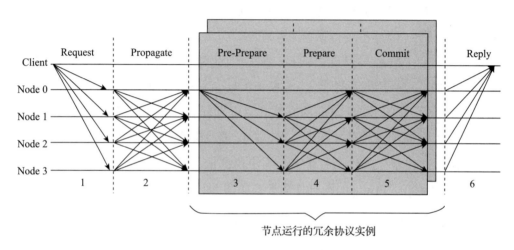

图 5-11　RBFT 的消息传播模式 [33]

5.5.3　基于密码学的改进

除了以上根据场景进行假设之外，目前很多区块链系统开始利用各类密码学技术来降低 BFT 类共识的通信代价、提高共识效率，而且获得了不错的效果。这些密码学技术包括门限签名、聚合签名、可验证随机函数等。

门限签名

以上介绍的协议大部分都需要假设基于一个同步或半同步的网络环境，而 Honey Badger BFT 是第一个知名的异步 BFT 类协议 [34]，可在消息延迟没有明确上限的异步网络中运行。它首先将一批交易拆分为多份，各个节点间互通有无，减轻了发起节点的消息发送瓶颈问题。而因为其异步网络环境，节点间收到交易是非同步、随机顺序的。节点以二元拜占庭协议剔除无效交易和重复交易后，得到一个异步公共交易子集（Asynchronous Common Subset）[35]。

而门限加密使得只有 f+1 个诚实节点共同合作才能解密消息原文，防止恶意节点对于最终交易集的攻击。HoneyBadger BFT 协议的主要限制是其在异步网络下为一个非确定性共识算法。

聚合签名

E.Kokoris-Kogias 等在其论文中提出了在共识机制中使用聚合签名的方法。论文中提到的 ByzCoin[36] 以数字签名方式替代原有 PBFT 使用的 MAC，将通信延迟从 $O(n^2)$ 降低至 $O(n)$；使用聚合签名方式将通信复杂度进一步降低至 $O(\log n)$。但 ByzCoin 在主节点作恶或 33% 容错等方面仍存在局限性。

之后一些公链项目，例如 Zilliqa[37] 等基于这种思想，采用 EC-Schnorr 多签算法提高 PBFT 过程中 Prepare 和 Commit 阶段的消息传递效率，并结合分片等优化技术以希望突出改进公有链平台 TPS。

Gosig[38] 也使用该方法，同时还结合了 Algorand 以可验证随机函数的方式选择"Leader"和多轮投票等方法来尽量降低 Leader 作恶的可能性。

可验证随机函数

可验证随机函数（Verifiable Random Function，VRF）是另一个经常用到的密码学技术。在区块链共识里，该技术经常会被用来以一种公平公开的方式选出某些节点作为出块者或者验证者。因此在公链平台中与中本聪共识进行结合，既可容纳众多参与者，又能尽量避免 PoW 的算力集中等问题。这些共识将在 5.6 节中进行具体介绍。

5.6 混合类共识

从上面的介绍可以看到，BFT 类共识和中本聪共识可谓各有千秋。那么，很多公链平台开始试着将两者进行结合，取长补短，一方面让可参与共识的受众足够广；另一方面，让共识确认速度足够快。这种"混合类共识"目前已成为区块链发展的一个重要方向。

5.6.1 PoW+BFT

毫无疑问，中本聪共识中首推 PoW，因此在两者结合的各种早期方案中，PoW+BFT 的方式占据了重要地位。例如，Elaine Shi 等在 2017 年提出将 BFT 类共识与中本聪共识结合的办法[39]：通过 PoW 先选出负责共识的委员会（Commitee）；再由委员会进行 PBFT 过程达成共识并出块[40]。

5.6.2 DPoS+BFT

除 PoW + BFT 之外，混合类共识方案目前更被人熟知的是 DPoS + BFT 方式。其中最典型的代表就是 BM 开发的石墨烯[41]"全家桶"平台，包括 BitShares[42]、Steemit[43]、EOS[44] 等。通证持有者以投票等方式选出自己支持的"代表"，并由这些代表组成的见证人网络通过 BFT 的方式进行共识。例如 EOS 中，用户投票产生 21 个可出块的"超级节点"，以 BFT 方式共识后轮流出块，对不超过总数 1/3 的"超级节点"可以容错。基于该类共识协议的平台性能较高，且不需要竞争挖矿等，可以支撑较高的交易处理速度，从平台的方面带动了 DApp 生态的繁荣；但缺点是略微中心化，严格来说，只有可以出块的超级节点参与共识。而代理投票带来的一些马太效应使得后续参与者较难再成为超级节点。而高性能带来的账本数据的速增加也进一步导致了后续参与者很难成为全节点。因此，有不少人质疑这种共识机制的开放程度。

5.6.3 Tendermint

主打跨链的区块链项目 Cosmos 提出了一个名为 Tendermint 的一种基于 BFT 的 PoS 共识协议[45]，是一种不需要依赖全局时钟即可运行在半同步网络中的确定性算法[46]。

该共识改进了经典的 DLS 共识，不需要依赖全局时钟即可运行于一个半同步的网络中。它使用 BPoS（Bonded Proof of Stake）的方式，以加权轮询的方式产生验证者集合，由选出的验证者产生共识提议并进行 BFT 过程，将拜占庭容错（Byzantine Fault Tolerance）共识扩展到广域网级别。

Tendermint 的共识过程如图 5-12 所示。与 BFT 有些类似的是，Ten-dermint 将共识过程分为循环执行的 3 步：(Propose -> Prevote -> Precommit) -> Commit -> NewHeight。其中，黑线为正常流程；灰线为异常流程：

- 首先每轮开始前会根据一定的规则（例如下面提到的加权轮询方式）选出本轮共识提案的提出人（Proposer）；由其进行 Propose 动作将待共识信息传递给所有其他节点。
- 其他共识节点收到消息后需要进行验证，并提出对该共识提案表态 Prevote：如果有效则对该区块 Prevote；如果接收超时或是非法区块，则 Prevote Nil。
- 当收到的 Prevote 投票超过 2/3 时，则进入 Precommit 阶段：如果 2/3 以上 Prevote 有效，则对该区块 Precommit；否则 Precommit Nil。
- 之后同样需要等待 2/3 以上的 Precommit：如果收到，则正式提交、产生新区块并开始下一个区块的共识阶段；否则重新开始一轮投票。

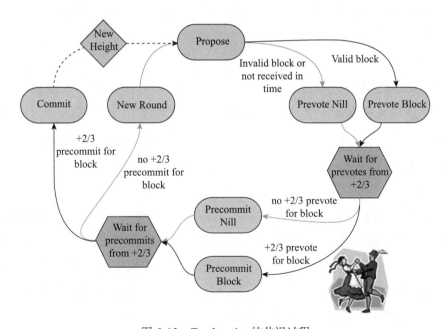

图 5-12　Tendermint 的共识过程

另外，Tendermint 还设置了 Proposer 的超时时间。当 Proposer 失效超过

一定时间后，其他节点会认为 Proposer 产生了一个空块，并对该空块进行投票使得共识可以顺利进行。因此与传统 BFT 相比，Tendermint 正常情况与出错情况下并没有太大区别，不需要大量代价进行主节点错误时的视图切换，并且 Tendermint 对公网运行环境下的消息传输进行了优化，可以支持数以百计的共识节点。

Tendermint 应用于公链场景时一般会结合 PoS，例如 BPoS（Bonded Proof of Stake）等，以加权轮询的方式产生验证者集合，由选出的验证者产生共识提议并进行 BFT 过程。

不过，与以太坊 Casper 等 PoS 共识更注重在公网环境下的可用性不同，Tendermint 更注重一致性，对于 token 的容错率为 1/3。当超过 1/3 这个阈值后，Tendermint 共识将无法继续正常运行。

5.6.4 Algorand

Algorand[47] 是 MIT 教授 Silvio Micali 等人提出的一个基于 BFT 的公式协议，用来解决比特币等传统共识协议中的高能耗、易分叉、算力垄断、扩展性差等问题。

Algorand 使用可验证随机函数（VRF），以加密抽签的形式随机决定出每一轮参与投票的用户；另外，Algorand 提出并使用一种新的拜占庭共识协议 BA ★，以带有权重的方式来全网共识，可认为是 BFT 类共识 +PoS 或 PoWeight 的架构。

共识的主要步骤如下。

- 基于 VRF 抽签决定参与者。该抽签过程的随机性可被证明且无法预测，以此来保证公平和安全性。另外，该抽签机制还可隐藏这些参与者的真实身份，只有用户自己知道在某个时刻具有投票资格。用于投票的签名密钥是临时性的，过期作废，这在保护用户隐私的同时，也提高了安全性（因为作恶者很难对其进行攻击或将其腐化）。
- 通过一个分级共识（Graded Consensus）选出"验证者"共识最多的候选区块，并完成对候选块的合法性验证。

- 运行一个二元拜占庭协议 BBA ★（接受出块或产生空块），相当于 PBFT 的提交阶段，决定最终的共识产出区块。

Algorand 可以不依赖于矿工，所有用户均有机会出块；只要攻击者所拥有或控制的 token 数量低于总量的 1/3，网络出现的分叉概率就可忽略不计，并且交易确认时间随用户数的增加变化不大。

参考资料

[1] Steen M Van, Tanenbaum A S. Distributed Systems[M]. 3th. Pearson, 2017.

[2] Lamport L, Shostak R, Pease M. The Byzantine Generals Problem[J]. ACM Transactions on Programming Languages and Systems, 1982.

[3] DeVries A. Bitcoin's Growing Energy Problem[J]. Joule, Cell Press, 2018, 2(5): 801-805.

[4] Rathod N, Motwani D. Security threats on Blockchain and its countermeasures[J]. International Research Journal of Engineering and Technology, 2018, 05(11): 1636.

[5] Cryptocurrency Algorithms[EB/OL]. https://cryptorival.com/algorithms/.

[6] Benthon I, Lee C, Mizrahi A. Proof of Activity: Extending Bitcoin's Proof of Work via Proof of Stake[J]. ACM SIGMETRICS Performance Evaluation Review, 2014.

[7] Buterin V. On Stake[EB/OL]. https://blog.ethereum.org/2014/07/05/stake/.

[8] Vasin P. BlackCoin's Proof-of-Stake Protocol v2 Pavel[J].

[9] Buterin V, Griffith V. Casper the Friendly Finality Gadget[J]. 2017: 1-10.

[10] Buterin V. A CBC Casper Tutorial[EB/OL]. https://vitalik.ca/gen-eral/2018/12/05/cbc_casper.html.

[11] Kiayias A, Russell A, David B, et al. Ouroboros: A provably secure proof-of-stake blockchain protocol[C]//Lecture Notes in Computer Science (including subseries Lecture Notes in Artificial Intelligence and Lecture Notes in Bioinformatics). 2017.

[12] Castro M, Liskov B. Practical byzantine fault tolerance and proactive recovery[J]. ACM Transactions on Computer Systems, 2002.

[13] Van Renesse R, Schneider F B. Chain Replication for Supporting High Throughput and Availability[J]. Proceedings of the 6th Conference on Symposium on Opearting

Systems Design & Implementation-Volume 6, 2004.

[14] Aublin P-L, Guerraoui R, Knežević N, et al. The Next 700 BFT Protocols[J]. ACM Transactions on Computer Systems, 2015, 32(4): 1-45.

[15] Gupta D, Perronne L, Bouchenak S. BFT-Bench: Towards a practical evaluation of robustness and effectiveness of BFT protocols[C]//Lecture Notes in Computer Science (including subseries Lecture Notes in Artificial Intelligence and Lecture Notes in Bioinformatics). 2016.

[16] Guerraoui R, Knezevic N, Quema V, et al. Stretching BFT[J]. 2010.

[17] Bessani A, Sousa J, Alchieri E E P. State machine replication for the masses with BFT-SMART[C]//Proceedings-44th Annual IEEE/IFIP International Conference on Dependable Systems and Networks, DSN 2014. 2014.

[18] Clement A, Kapritsos M, Lee S, et al. Upright cluster services[C]//Proceedings of the ACM SIGOPS 22nd symposium on Operating systems principles-SOSP '09. 2009.

[19] Wikipedia. Quorum (distributed computing)[EB/OL]. https://en.wikipedia.org/wiki/Quorum_(distributed_computing).

[20] Abd-El-Malek M, Ganger G R, Goodson G R, et al. Fault-scalable Byzantine fault-tolerant services[C]//Proceedings of the twentieth ACM symposium on Operating systems principles-SOSP '05. 2005.

[21] Bershad B, ACM Digital Library. D, ACM Special Interest Group in Operating Systems. B, et al. HQ Replication: A Hybrid Quorum Protocol for Byzantine Fault Tolerance[J]. Proceedings of the 7th symposium on Operating systems design and implementation, 2006: 407.

[22] Kotla R, Alvisi L, Dahlin M, et al. Zyzzyva: Speculative Byzantine Fault Tolerance[J]. Proceedings of the Symposium on Operating Systems Principles, 2007: 45-58.

[23] Singh A, Fonseca P, Kuznetsov P. Zeno: Eventually Consistent Byzantine-Fault Tolerance.[J]. Nsdi, 2009: 169-184.

[24] Wood T, Singh R, Venkataramani A, et al. ZZ and the art of practical BFT execution[C]//Proceedings of the sixth conference on Computer systems-EuroSys'11. 2011.

[25] Shoker A, Bahsoun J P, Yabandeh M. Improving independence of failures in BFT[C]//Proceedings-IEEE 12th International Symposium on Network Computing

and Applications, NCA 2013. 2013.

[26] Fischer M J, Lynch N A, Paterson M S. Impossibility of distributed consensus with one faulty process[J]. Journal of the ACM, 1985.

[27] Fan J, Yi L-T, Shu J-W. Research on the Technologies of Byzantine System[J]. Journal of Software, 2014, 24(6): 1346-1360.

[28] Kapitza R, Behl J, Cachin C, et al. CheapBFT: Resource-efficient Byzantine Fault Tolerance[J]. Proceedings of the 7th ACM European Conference on Computer Systems, 2012.

[29] Hendricks J, Sinnamohideen S, Ganger G R, et al. Zzyzx: Scalable fault tolerance through Byzantine locking[C]//Proceedings of the International Conference on Dependable Systems and Networks. 2010.

[30] Clement A, Wong E, Alvisi L, et al. Making Byzantine Fault Tolerant Systems Tolerate Byzantine Faults[J]. Symposium A Quarterly Journal In Modern Foreign Literatures, 2009.

[31] Amir Y, Coan B, Kirsch J, et al. Prime: Byzantine replication under attack[J]. IEEE Transactions on Dependable and Secure Computing, 2011.

[32] Veronese G S, Correia M, Bessani A N et al. Spin one's wheels? Byzantine fault tolerance with a spinning primary[C]//Proceedings of the IEEE Symposium on Reliable Distributed Systems. 2009.

[33] Aublin P L, Mokhtar S Ben, Quema V. RBFT: Redundant byzantine fault tole-rance[C]//Proceedings-International Conference on Distributed Computing Systems. 2013.

[34] Miller A, Xia Y, Croman K, et al. The Honey Badger of BFT Protocols[C]//Procee-dings of the 2016 ACM SIGSAC Conference on Computer and Communi-cations Security-CCS'16. 2016.

[35] Juniway. Honey Badger of BFT 协议详解 [EB/OL]. https://www.jianshu.com/p/15d5b6f968d9.

[36] Kokoris-kogias E, Jovanovic P, Gailly N, et al. Enhancing Bitcoin Security and Performance with Strong Consistency via Collective Signing[J]. 2016.

[37] Team T Z. Zilliqa Technical Whitepaper[J]. Zilliqa, 2017: 1-8.

[38] Li P, Wang G, Chen X, et al. Gosig: Scalable Byzantine Consensus on Adversarial

Wide Area Network for Blockchains[J]. 2018.

[39] Pass R, Shi E. Hybrid consensus: {Efficient} consensus in the permissionless model[J]. Leibniz {Int}. {Proc}. {Informatics}, {LIPIcs}, 2017.

[40] 姚前. 数字货币初探[M]. 中国金融出版社, 2018.

[41] Graphene Technical Documentation[EB/OL]. http://docs.bitshares.org/.

[42] BitShares Whitepapers[EB/OL]. http://docs.bitshares.org/bitshares/papers/.

[43] Steem Whitepaper[EB/OL]. https://steem.io/steem-whitepaper.pdf.

[44] EOS.IO Technical White Paper v2[EB/OL]. https://github.com/EOSIO/Documentation/blob/master/TechnicalWhitePaper.md.

[45] Cosmos Whitepaper[EB/OL]. https://github.com/cosmos/cosmos/blob/master/WHITEPAPER.md.

[46] Unchained C. Tendermint Explained—Bringing BFT-based PoS to the Public Blockchain Domain[EB/OL]. https://blog.cosmos.network/tendermint-explained-bringing-bft-based-pos-to-the-public-blockchain-domain-f22e274a0fdb.

[47] Gilad Y, Hemo R, Micali S, et al. Algorand: Scaling byzantine agreements for cryptocurrencies[J]. Proceedings of the 26th Symposium on Operating Systems Principles, 2017.

第 6 章 合约引擎

6.1 合约设计

智能合约的概念最早由尼克·萨博（Nick Szabo）在 20 世纪 90 年代提出[1]，被设想为一种可自动执行合同条款的计算机化交易协议，在不需要中介的情况下安全、可信地实现通用的合同条款。

他同时指出，当时由 David Chaum 推出的 eCash 可被视为智能合约的一种典型案例。但 eCash 后来并没有成功持续运行下去。由于没有一个可以实际运行的智能合约场景，这一理论始终停留在概念阶段，缺少实际的技术支撑。

要印证这一观点，需要等到后来比特币与区块链的发展：相对于以比特币为代表的区块链早期探索应用，人们广泛认可的区块链 2.0 阶段的一个重要标志就是智能合约概念的实现，即可以在区块链的分布式账本基础上，实现去中心的多方参与、规则透明不可篡改、符合条件即可执行的合约。这意味着区块链从最早期只能转账的"点对点"电子现金系统，发展成为在分布式网络上形成可编程、不受干预的合约系统，可以在无须信任环境下实现更复杂、更完备的业务逻辑，为区块链在实际业务场景中的应用打下技术基础。

从定义上看，智能合约是一种由机器实现的协议或程序，但由于运行在需要进行拜占庭容错来达成共识的分布式系统环境中，智能合约与一般的计算机程序还存着很大区别。

通常，智能合约需要满足的条件包括确定性和可终止性[2-3]，如图6-1所示。

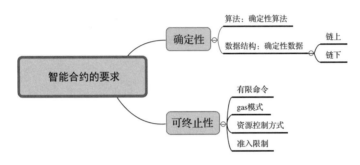

图 6-1　智能合约的要求

6.1.1　确定性

确定性在传统计算机理论中已有明确定义：如果给定一个输入，计算机（状态机）经过同样的状态变化顺序后总会产生相同的结果，那么这个算法即可被称为是确定性的[4]。这一特性在分布式系统特别是区块链系统中尤其重要，因为所有节点必须按照智能合约约定的规则产生相同的计算结果，否则合约执行的结果无法被各个节点所共识。

导致非确定性结果的具体原因有很多，而目前在区块链方面的解决思路也不少。下面按照"程序 = 算法 + 数据结构"的方法从算法和数据两个角度分别对这些原因和解决思路进行讨论。

确定性算法

对于确定性算法，我们又可以从"时间"和"空间"的角度分别进行讨论。

在程序执行的时间上，如果一个算法本身不是确定性的，那么将实现这个算法的程序重复执行多次，每次执行的结果也无法确定，例如产生随机数的函数无法保证每次执行的结果都是一样的。

在空间上，即便每个节点都执行同样的、确定性的指令操作，但由于节点间的底层机器指令或操作系统实现差异也可能导致出现不同的结果。

为实现确定性的算法，目前区块链较多采用的是限制操作，常见的是，只提供确定性指令或系统函数。

例如，比特币中的脚本系统只提供了为数不多的操作，避免可能导致节点间差异的功能；以太坊采用了虚拟机（EVM）来屏蔽不同节点的实现差异，同时只提供确定性的系统函数。有关虚拟机方面的具体内容，我们将在后面继续讨论。

确定性数据

除操作本身差异之外，如果对同一个算法给予不同的数据输入，也会导致结果存在差异。

目前的解决思路从链上、链下可分为两种。

链上的思路为，限制智能合约只能从链上读取已共识后的账本信息，以此来达到数据来源相同的目的。

但这种方法也存在不少限制，因为一些合约的执行有赖于对现实世界的条件判断，例如天气、股市行情等，而链上数据在来源、种类、实时性等各方面很多时候无法满足。

链下的思路进一步扩展了数据来源，一般采用预言机（Oracle）的方式，将外部数据提供给智能合约进行读取，并保证了数据的一致性。

6.1.2 可终止性

可终止性的问题是区块链实现智能合约的另一个挑战。因为区块链上的智能合约必须是可终止的，无论是由于主观故意还是客观存在的死循环等而出现无法终止的合约时，会持续占用区块链的计算或存储资源。

为实现可终止性的目标，在实现智能合约时主要有以下几种方式。

有限命令方式

比特币采用的方式是实现一个图灵不完备的脚本系统。图灵完备系统包括一系列操作数据的动作，其中包括循环、递归等逻辑操作，用于实现任何图灵机。而比特币的脚本系统限制了操作指令的种类，不包含循环等操作，因此可同时实现其确定性和可终止性。但这种方式也很大程度上降低了在比特币上实现合约的可扩展性。

燃料方式

为了提高可扩展性，比特币之后的很多区块链系统（例如以太坊等）开始采用支持图灵完备的智能合约系统，以实现更复杂和更完备的业务逻辑。为了解决支持图灵完备下的可终止性问题并避免网络滥用，以太坊引入了"燃料"（gas）的概念。以太坊智能合约中的每一步操作和每个账本存储都会对应于一定的 gas 消耗；当 gas 消耗完后合约就会被终止[5]。gas 方式相当于即时付费的手续费模式，目前被大多数公有区块链平台所采用。

资源控制方式

与 gas 的即时付费模式不同，另外一些公有区块链平台采用了预付费的模式，通过控制可使用的资源来实现可终止性的效果。其中最典型的代表是 EOS。尽管交易不需要支付手续费，但用户需要提前抵押或购买足够多的 CPU、RAM 以及带宽等使用资源来进行交易和运行合约。EOS 通过这种方式来避免用户在无手续费的情况下滥用资源。

准入限制方式

除以上介绍的公有链上的解决方式之外，一些联盟链还采用了其他方式来解决可终止性问题。由于联盟链的特殊性，一般来说，在加入区块链网络前，节点已被区块链组织所认可，其身份已被其他节点所知晓，对于单个节点的可控性更高，因此很多联盟链会给予该节点更高的自由度。例如，在联盟链的典型代表 Hyperledger Fabric 中，可由节点用户自主控制智能合约程序（即链上代码，Chaincode）的启停，同时综合以运行时间等方式将合约执行长度和占用资源控制在可接受的范围内，从而实现可终止性。

具体到底层技术实现方式上，合约引擎的实现方式主要包括脚本方式、容器化方式、虚拟机方式等。此外，目前也有应用专有链等方式。

6.2 脚本方式

脚本方式是实现可编程逻辑最传统的一种方式,最早在比特币系统中被采用。比特币的 UTXO 模型采用了一种类似 Forth 语言[6]的签名脚本体系,用于验证该笔交易的合法性。交易一般会包括输入脚本和输出脚本,分别用于解锁上一笔交易的输出和设置该笔交易金额的解锁条件。

比特币脚本采用堆栈结构方式的逆波兰表达式,用户需要按照顺序将匹配的签名、公钥等提供给脚本作为执行的输入,用于解锁该笔交易。因此,脚本方式的另一特点是,和 UTXO 方式配合的使用效果较好。

但这种方式的缺点也很明显,主要在于功能的扩展性上。因此,如果从功能完备性和编程可扩展性方面来看,很多人认为比特币的脚本方式能实现的编程业务非常有限。因此从狭义的角度来看,可认为脚本方式区块链只实现了简单的可编程特性,而没有通常意义下的智能合约体系。

按照火币研究院的区块链代际划分的思路[7],目前使用脚本方式来实现可编程特性的,都是区块链 1.0 版本的系统,可对应地包括以下 3 大类:

- 比特币及相关分叉币、竞争币。
- 匿名加密货币。
- DAG 类的区块链。

6.2.1 比特币的分叉币、竞争币

使用脚本方式较多的是比特币及早期采用 UTXO 模型的一些加密货币,包括比特币的分叉币、竞争币,主要包括 Litecoin、Bitcoin Cash 等。

6.2.2 匿名加密货币

主打匿名、隐私保护的加密货币也较多地使用了脚本体系。出于对隐私保护和交易追溯性的隐藏,这类加密货币很多都采用了抽象、简化的脚本体系,包括 Monero、Dash 等。

6.2.3 部分 DAG

还有一些基于有向无环图结构（DAG）的区块链系统会用到脚本方式来运行合约。

由于 DAG 系统的原生特性，包括交易时长不可控、不存在全局排序机制等特点，较难在 DAG 的分布式账本系统下实现一个图灵完备的智能合约系统[8]。因此为了提高并发 TPS、简化交易处理过程，一部分基于 DAG 的分布式账本系统也会采用脚本方式来构建自己的可编程体系。

6.2.4 扩展方法

综上，可以看到，脚本方式实现的方案通常都是图灵不完备的，可编程性较差。如果在早期采用了脚本方式来设计区块链底层，那么后期的扩展则需要额外设计更多的"技巧"来实现。比特币现金（BCH）是一个比较典型的案例。

比特币现金由比特币硬分叉而产生，脚本同样也是图灵不完备的，因此很难直接开发出功能强大的去中心化应用（DApp）。为了扩展，BCH 采用了"虫洞协议"方案，以子链的方式来绕过主链脚本的限制。在 BCH 这个子链上面可以全新地设计一套功能强大的合约引擎，也有其基础 token: WHC。那么问题在于如何将这个子链与主链关联起来。虫洞协议首先将 BCH 在主链上转入到一个没人知道其私钥的地址，也就是说，转入后这些 token 在量子计算机等强力计算设备诞生前，可认为是彻底丢失掉了。这一过程也被形象地称为"燃烧"或进入"黑洞"。而在科幻概念中用于穿越时空的"虫洞"在这里就表现为：有了这个"燃烧"记录后，虫洞协议就在子链上产生与"烧掉"的 BCH 相对应的 WHC，以此来支持子链上的合约运行。

6.3 容器方式

容器方式，是近年来兴起的不同于虚拟机的一种新型虚拟化技术。如图 6-2 所示，与虚拟机在用户程序和底层环境中增加一层中间环境不同，容器技术只需要将应用程序所需的依赖项打包即可独立运行，不需要附加的虚拟操作系统环境。

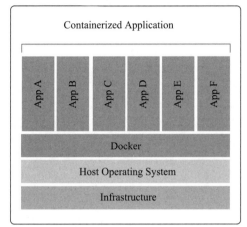 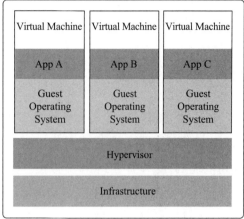

图 6-2　容器（左）与虚拟机（右）的结构区别（来源：Docker 官网）

与堆栈执行代码的虚拟机方式相比，使用容器化的方式实现区块链平台的智能合约环境更为独立和灵活，可调用的资源也更多。

尽管从整体系统架构来看容器技术更轻便与灵活，但从单个应用的角度来看，则需要考虑更"重"的一些系统因素，因为容器环境中的进程可访问包括文件、系统功能等在内的更多系统资源。这就对区块链自身的运行环境提出了较多要求，因此采用这种方式的区块链平台较为少见。

使用容器方式的区块链典型项目是 Hyperledger Fabric，其智能合约的运行方式是在节点部署一个链上代码后，所有相关节点均会启动一个在 Docker 容器中独立运行的链码进程。链码通过容器中对外的 gRPC 接口完成与节点的交互。

对于链码的运行，目前 Fabric 仍然采用手动和较为底层的方式来管理维护。因为是联盟链的环境，相当于默认所有被许可加入网络的节点均可以较为自觉地使用系统资源，即上文提到的准入限制方式。这一思想在链码生命周期的维护方面体现得比较明显：在目前最新的 Fabric 1.3 版本中，只提供了 package（打包）、install（安装）、instantiate（实例化）、upgrade（升级）4 个命令，在未来才会考虑提供在不用实际删除链码情况下禁用（stop）和重新启用（start）

链码的命令。

因此，若想在公有链环境下用容器化的方式来构建智能合约环境，则需要采用例如资源控制等更多方法来适应改造。

6.4 虚拟机方式

相较于上述两种方式，目前最多用于实现智能合约的方式是虚拟机方式，它可以为程序提供一个完全对底层透明的执行环境。这种思路的典型应用可追溯到传统 IT 技术中的 JVM 虚拟机。其目的是实现"一次编写，到处运行"的特性，而不是让程序开发人员为兼容每个不同的服务器编写不同版本的程序。而这一特点正是分布式部署与运行的智能合约所需要的：屏蔽区块链节点自身执行环境的区别，在所有节点上的运行均一致，从而实现上文所述智能合约需要满足的确定性特点。

区块链 2.0 的一个代表性项目——以太坊系统采用的是 EVM（以太坊虚拟机）。以太坊虚拟机构建了一个基于栈的虚拟运行环境，定义了一套跟节点自身环境隔离的环境，屏蔽了每个节点的底层差异，实现了不同节点执行合约的结果相同（确定性）。

以 EVM 为代表的虚拟机的另一个特点在于，由于提供了一个较为底层的通用基础设施，基于该虚拟机，可以设计出符合该虚拟机或者区块链系统的高级编程语言，例如以太坊的 Solidity 语言、Nxt 使用 Javascript 及相应环境下的 API 等[9]。相应地，如果该语言设计得不合理也会带来相应的缺陷。

综合以上各个特点来看，虚拟机方式仍然是目前可实现智能合约技术中较为稳妥的一种技术路线，也是目前包括以太坊在内的大多数区块链系统采用的方式。

但在具体实现方面，EVM 目前普遍存在一些设计缺点[10]，主要包括以下几点：

❑ **256 位字长**。采用目前主流 CPU 所支持的 8 位、16 位、32 位、64 位等字长时，CPU 可直接提供原生支持，程序效率高。但 EVM 采用的字长是 256 位，处理器需要额外的操作才可以正常处理，因此运算效率较低。同时相较于主流字长，256 位也存在一定的存储浪费，进而影响 gas 消耗。目前，一部分测试表明，当字长改为 64 位或 128 位时，合约代码的运行效率、存储成本（以 gas 值体现）均有改良[11]。

- **不支持浮点数及缺少标准库**。此问题是不支持浮点数。而正如上文提到的，通常与 EVM 配合使用的 Solidity 语言也因为缺少原生标准库使得这一问题更为突出。OpenZeppelin 的出现使这一问题得到了缓解，其 ERC20、ERC721 的编写框架使开发变得容易。但依赖于第三方代码库始终存在一定风险，例如，前段时间有许多采用 OpenZeppelin 的 ERC20 通证合约因为函数返回值的问题导致转账结果无法预计[12]。
- **合约代码不可修改升级**。由于 EVM 采用的不是标准冯·诺依曼结构，程序代码被保存在一个独立的虚拟 ROM 中，而不是一般计算机内存中的代码区，理论上只可以通过重新部署合约来实现对合约的升级。因此当合约中存在 bug 等情况时，无法通过打补丁等形式来进行补救。

因为以上缺点，在以太坊 EVM 之后，很多区块链项目通过多种技术来实现虚拟机。可以按照技术实现方式的特点进一步将其分为以下几类进行讨论。需要注意的是，目前不少公链只公布了其开发计划，而无实际可运行的虚拟机程序代码，具体实施情况可能会随着项目进度而有所变化。

6.4.1 改进 EVM

尽管 EVM 有上述种种缺点，很多区块链系统仍然通过在 EVM 基础上进行改进来设计实现。这样一方面可以复用原有以太坊的功能，降低开发工作量；另一方面还可以利用现有的以太坊生态进行快速开发。虽然目前的一些公链平台（例如 EOS 等）在用户活跃度等方面有赶超以太坊的趋势，但以太坊长期形成的生态环境是新生公链在考虑未来开发及运营时绝对不可忽视的重要因素。例如，在主打联盟链平台的 Hyperledger 中，Burrow 项目搭建了带授权管理的以太坊智能合约区块链节点，并搭配 Cosmos 的 Tendermint 共识引擎来兼容以太坊的 Solidity 开发生态[13]。公链平台 DApp 数量对比如图 6-3 所示。

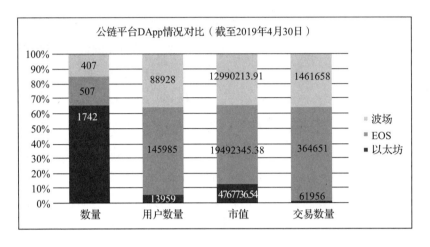

图 6-3　公链平台 DApp 数量对比（资料来源：dapp.review）

在这种大环境下，许多公链在设计实现虚拟机时，均采用了在 EVM 基础上改进的方式。

例如，Nervos 公链平台中 Layer1 的 CKB 使用了 RISC-V 作为指令集实现 CKB-EVM。通过 RISC-V 的工具链，CKB-EVM 可以支持任意编程语言进行智能合约开发[14]。

Aion 采用的 FastVM 在设计时采用了 128 位字长，并在底层采用 LLVM JIT 作为运行引擎，以此来提高存储效率和运算速度。Aion 的虚拟机同时计划在未来支持从 128 位到 64 位和 32 位等多种字长，以适应更多的应用场景和业务需求[15]。

另外，也可从虚拟机的运行流程上进行优化。由于以太坊需要每个全节点都运行相同的虚拟机计算并检验结果后才更新账本，该方式显然会影响性能。一些区块链平台对此进行了改进，例如 Zilliqa 采用了数据流图的方式来进行计算分片，以此来提高并发度[16]。

6.4.2　兼容传统指令集

还有一些区块链系统实现合约引擎的思路是与传统的机器指令集技术进行兼容。

其中一类直接使用传统虚拟机技术作为合约引擎，但需要进行一些改造以从技术上解决确定性问题。例如，R3 Corda 使用了 JVM 作为其智能合约的执行环境，即 Corda 中的交易类型均使用 JVM 的字节码来定义和执行。但由于传统 JVM 中仍存在可能导致非确定性的操作，例如随机数、Java 的垃圾回收等，因此 Corda 目前也在尝试开发一个确定性的 JVM 沙盒环境（Determinstic JVM，DJVM），用来检测用户开发的代码是否存在非确定性[17]。

这种方式的思路在于，JVM 有一些相对于 EVM 的实现智能合约引擎的优势[18]：

- JVM 已经通过大规模、长时间的工业检验。作为底层，相对于 EVM 更有安全性和健壮性方面的优势。
- 利用 Java 语言和现有的开发生态，可以让开发者更快上手。
- 一些语言特性，包括对浮点数的支持等也比 Solidity 更有优势。

而缺点在于，JVM 存在许多与区块链需求无关的功能，同时，增加通证经济中的 gas 机制来实现可终止性也并不容易。

除了用传统虚拟机技术之外，还有一些技术用仿真器来模拟传统的指令运行环境，支持多语言开发并让存量代码尽可能低成本地迁移到区块链开发环境中。例如，Qtum 的 x86 虚拟机设计为兼容传统的已被广泛应用的 x86 服务器指令集，这样可使行业内长期积累起来的海量代码通过少量改造即可用于基于智能合约的区块链执行环境；同时可以提供多语言支持。

6.4.3 wasm 方式

除上述方式之外，WebAssembly 技术被越来越多地用来实现智能合约引擎。

WebAssembly 是一种跨平台的二进制指令格式，可用于基于栈的虚拟机，希望客户端和服务端程序均可以部署在 Web 上。由于其优良的性能和多语言支持的广泛兼容性，目前已在 Web 开发中推广使用，被 Chrome、Edge、Firefox 等现代浏览器所支持，被认为有可能取代现有的 JavaScript。很多大型应用也在尝试使用 WebAssembly，例如运行在浏览器中的 Windows 2000[19]。不少人将 2018 年视为 WebAssembly 技术元年。

在区块链领域内，也有一些平台开始使用 WebAssembly 技术，这也是近期智能合约实现技术的一种流行趋势。例如，目前 EOSIO 已采用 WebAssembly 来实现其虚拟机 WAVM。

相对于以太坊的 EVM，使用 WebAssembly 技术的虚拟机主要有以下优势：
- 可以支持 C、C++、Rust 等多语言进行开发，降低了开发者的进入门槛和学习成本。
- 编译成 wasm 的结果对 CPU 架构透明，虽然不能运行在 CPU 上，但可以在主流现代浏览器中部署运行。
- WebAssembly 构建方式尽可能接近机器代码，编译体积小、加载速度快，性能相对较高。

但 WebAssembly 也有一些缺点待改进，作为一项底层技术，WebAssembly 还不够成熟，例如存在一些浏览器新老版本兼容问题，其生态工具各方面也有待发展。

不过，以太坊已在考虑采用 WebAssembly 方式实现 EVM，即 eWASM。在目前使用 Rust 实现的 Parity 以太坊节点上，已可选用 WebAssembly 方式来实现其虚拟机。

6.5 应用专有链方式

除了直接在本链上以虚拟机等方式开发链上逻辑之外，还可以通过应用专有链（Application-Specific Blockchain）方式来重新设计实现。

回顾以太坊等公链采用了"世界计算机"的设计思路来看：所有智能合约都跑在同一个底层链上，共用一套虚拟机的基础设施。这种共享资源的模式在应用生态繁荣之下也会带来性能下降及隐私泄露等问题；在开发智能合约时，也会受限于链本身的开发语言、虚拟机特性等限制。虚拟机方式的区块链简化模型如图 6-4 所示。

应用专有链是一种不同的设计思路。相比于大而全的指令功能设计，应用专有链可根据应用自身需要挑选所需的模块来实现本链的逻辑[21]，并根据应用的需要来调整链的参数（交易处理速度、共识机制、治理方式等）。因此，可认为该思路不是开发应用来适配链，而是开发链来针对性地支撑应用。

目前已有一些项目，例如 Cosmos 和 Polkadot 等在这个方向上进行了不少探索。通过其提供的 Cosmos SDK 或 Substrate 开发工具，开发人员可以很便捷地搭建出一个区块链平台，并以组件化形式定制相应的应用支撑功能；同时未来也可以以跨链、桥接等形式接入到这些项目生态中。基于 Cosmos SDK 的应用专有链简化模型如图 6-5 所示。

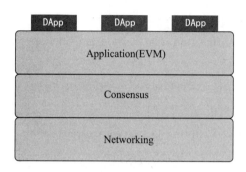

图 6-4　虚拟机方式的区块链简化模型[20]

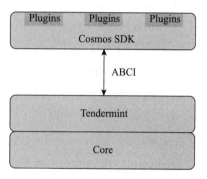

图 6-5　基于 Cosmos SDK 的应用专有链简化模型示例[20]

但这种方式也有其适用场景。一般而言，相比于单纯的智能合约开发，应用专有链方式可能对开发团队及后续运营团队提出了除单纯技术开发以外更全面综合的要求，例如节点运行、链上治理、共识安全等。而如果需要与其他链进行交互，还需要依赖于跨链协议的成熟。另外，在需要快速开发一个原型验证系统时，智能合约的方式也可能对开发者更为友好。

因此，区块链的应用开发方式是会延续基于虚拟机的智能合约形式，还是会转而大规模采用应用专有链形式，可能还有待于技术与业务应用的进一步发展和探索。

参考资料

[1]　Szabo N. Smart Contracts[EB/OL]. http://www.fon.hum.uva.nl/rob/Courses/Infor-

mationInSpeech/CDROM/Literature/LOTwinterschool2006/szabo.best.vwh.net/smart. contracts.html.

[2] 张铮文，达鸿飞. 重构智能合约（上）：非确定性的幽灵 [EB/OL]. https://zhuanlan. zhihu.com/p/25764739.

[3] 苏小乐. 十问智能合约（二）- 道友，你的智能合约环境有什么不同？[EB/OL]. https://zhuanlan.zhihu.com/p/42528521.

[4] Wikipedia. Deterministic algorithm[EB/OL]. https://en.wikipedia.org/wiki/Deterministic_algorithm.

[5] Ethereum Yellow Paper[EB/OL]. https://github.com/ethereum/yellowpaper.

[6] Forth (programming language)[EB/OL]. https://en.wikipedia.org/wiki/Forth_(programming_language).

[7] 袁煜明，刘洋. 火币区块链产业专题报告：区块链技术可扩展方案分层模型 [R]. 2018.

[8] 袁煜明，胡智威. 超越白皮书3：DAG技术解析与实测 [R].

[9] Sameeh T. An Overview Of Smart Contract Scripting For Cryptocurrency Blockchains[EB/OL]. https://www.deepdotweb.com/2017/01/15/overview-smart-contract-scripting-cryptocurrency-blockchains/.

[10] Earls J. The Faults and Shortcomings of the EVM[EB/OL]. http://earlz.net/view/2017/08/13/0451/the-faults-and-shortcomings-of-the-evm.

[11] Aion FastVM[EB/OL]. https://github.com/aionnetwork/aion_fastvm.

[12] Cremer L. Missing return value bug—At least 130 tokens affected[EB/OL]. https://medium.com/coinmonks/missing-return-value-bug-at-least-130-tokens-affected-d67bf08521ca.

[13] Hyperledger Burrow[EB/OL]. https://www.hyperledger.org/projects/hyperledger-burrow.

[14] Nervos Network 简介 [EB/OL]. https://docs.nervos.org/.

[15] Foundation A. Introducing the FastVM[EB/OL]. https://blog.aion.network/aionfastvm-c5ccd1628da0.

[16] Team T Z. Zilliqa Technical Whitepaper[J]. Zilliqa, 2017: 1-8.

[17] Lillehagen T. DJVM Behind the Scenes[EB/OL]. https://medium.com/corda/djvm-behind-the-scenes-2ba7f5cb9275.

[18] Evans B. Deterministic Execution on the JVM[EB/OL]. https://www.infoq.com/articles/Deterministic-Execution-JVM.

[19]　Windows 2000 emulated in WebAssembly[EB/OL]. https://www.reddit.com/r/webdev/com-ments/98ufca/windows_2000_emulated_in_webassembly/.

[20]　Marin G. Why application-specific blockchains make sense[EB/OL]. https://blog.cosmos.network/why-application-specific-blockchains-make-sense-32f2073bfb37.

[21]　Little W. Smart Contracts vs. Application-Specific Blockchains[EB/OL]. https://medium.com/figment-networks/smart-contracts-vs-application-specific-blockchains-27e96a753226.

第 7 章

应　用

7.1 应用基础设施——钱包

作为区块链平台最重要的配套基础设施，钱包是链接区块链系统和用户的关键应用层产品。数字资产钱包最狭义的定义是存储私钥工具，广义上则应该包含数字资产余额查询、发送交易等基本功能。

7.1.1 多角度看钱包

由于钱包是面向用户的 To C 产品，基于不同的用户需求，对钱包产品的设计和定位也是不同的，可以从五个角度对钱包进行分类梳理，每一种分类方式都体现了该钱包所采用的策略重点及其面向的用户群体，有的体现了安全性，有的坚持易用性，而有些则强调功能。

按是否联网分类

数字资产钱包本质上是存储私钥的工具，私钥的安全性至关重要，为了将安全性做到极致，出现了不联网的冷钱包，因此可以依据钱包是否联网分为冷钱包和热钱包。

热钱包：能够保持实时联网上线的钱包。热钱包相对于冷钱包使用起来更方便，既可在 PC 上使用，也可在手机等移动终端使用，还可对钱包内的资产随时进行操作。但正由于其联网，也为黑客攻击提供了条件，钱包的安全性会受到更多的挑战。

冷钱包：不联网使用的钱包，也叫离线钱包。离线冷钱包用来生成密钥和保存密钥，设备本身不会泄露或者输出密钥，而只是在按下某个按钮或者输入设备密码后显示密钥的保管情况。冷钱包将私钥存储在完全离线的设备上，相比于热钱包是更安全的方法，但成本更高且易用性更差。虽然冷钱包相对于热钱包更安全，但是也不是绝对安全，可能会遇到硬件损坏、钱包丢失等情况，需要做好备份。

按数据存储完整性分类

数字资产钱包通常和区块链节点关系紧密，依据钱包存储节点账本数据的完整性可以将其分为全节点钱包和轻钱包，其中轻钱包也包括 SPV 节点钱包。

全节点钱包：同步区块链上的所有数据，具有更有隐秘、验证更快等特点。但是由于数据量比较大，会导致扩展性低。由于需要同步链上信息的原因，很多全节点钱包的币种单一，不能够支持多种数字资产，一般为官方钱包。此外，全节点钱包需要占用很大的硬盘空间，并且一直在增长。每次使用前需要先同步区块数据，会导致易用性变差。

轻钱包：只存储部分的区块数据。轻钱包会对数据进行分析，仅获取并在本地存储与自身相关的交易数据，运行时依赖比特币网络上的其他全节点，一般在手机端和网页端运行。

SPV 钱包：是轻钱包的一种，是指可以进行简单支付验证的钱包。SPV 钱包也同步区块数据内容，但只是临时使用，它从区块数据中解析出 UTXOs，但是并不保存区块数据。轻钱包可以有更强的扩展性，一方面可以在币种上进行扩展，用来方便地对多种资产进行管理；另一方面可以运行在 DApp 中，因为它只同步和自己相关的数据，所以很轻便。轻钱包根据实现原理可以分为中心化钱包和去中心化钱包，比如客户端钱包、浏览器钱包、网页版钱包等。

按私钥存储方式分类

私钥是数字资产领域安全的核心，而钱包的本质就是帮助用户方便和安全地管理和使用私钥，因此，私钥的存储方式非常关键，按照私钥是否存储在本地，可以将钱包分为中心化钱包和去中心化钱包两种类型。

中心化钱包：私钥由钱包项目方在链下中心化服务器上保管。通常也叫 Offchain 钱包，使用此种方式的钱包产品，用户不必担心私钥丢失而导致资金损失，因为其通常可支持密码找回功能；不过资金风险会更集中在钱包项目方，中心化服务器一旦被黑客攻克，用户将遭受不必要的损失。

去中心化钱包：私钥由用户自持。资产存储在区块链上，通常也叫 On-chain 钱包。若私钥遗失，钱包将无法帮用户恢复，资金将永久遗失；但去中心化钱包很难遭受黑客的大规模攻击，用户也不用担心钱包服务商出现监守自盗的情况。

按主链关系分类

目前各区块链公链都是较为独立的平台，平台和平台之间缺乏直接的互通，因此各类钱包出现了主链钱包和多链钱包两大分支。

主链钱包：专门针对某一公链平台的主链钱包。对于平台类公链来说，平台通证通常具备一定的使用功能，平台上的各类角色所开展的活动都围绕通证来进行，比如矿工、平台用户、存储节点或计算节点等，因此需要钱包作为各方进行通证存储和流通的节点。钱包也可以作为平台类项目是否可用的判断标准之一。

多链钱包：可支持多种主链平台通证的钱包。不同的主链通常采用的技术方案都各不相同，如果要支持多种主链平台的通证接入钱包，则需要逐一进行接口开发，存在一定的开发难度和工作量。此类钱包对于支持内置交易所和跨链互兑业务有着天然的优势。

按私钥签名方式分类

为了加强数字资产的安全性并配合某些应用场景使用，出现了需要多方私钥签名才可使用钱包的策略，因此可将钱包分为单签名钱包和多签名钱包。

单签名钱包：只需单个私钥签名即可交易。单签名模式简单，用户可操作性强，但由于只有一个密钥，风险也更集中，容易造成私钥持有账户的单点沦陷——如果丢失或者泄漏私钥会可能直接导致账户中所有的资产丢失。不过单签名钱包管理更为简便，便于用户对账户进行直接控制且无须经过不可控第三方，因此是市场上更受欢迎的一种模式。

多重签名钱包：必须有两个（或多个）私钥同时签名才可以交易。通常一个私钥由用户保存，一个交给服务器，如果只有服务器私钥被盗，黑客没有本地私钥，交易时是无法签名的。可用于公司或组织内由多方共同管理财产的场景，密钥由多位成员管理，需多数成员完成签名才可动用资产。多重签名机制相较于单签名更安全，但易用性却受到很大的影响。此外，多重签名机制更复杂，也带来了一些安全隐患，如 parity 钱包的多重签名机制就被黑客利用，导致逾 15 万个以太坊账户被盗。

7.1.2　钱包的技术实现原理

数字资产钱包的技术实现主要包含三部分：钱包自身设计，如何生成助记词、keystore 和密码等；私钥、公钥和地址产生的方法；钱包提供商远程调用各公链 RPC 接口设计。图 7-1 可总体概括数字资产钱包实现的技术流程。

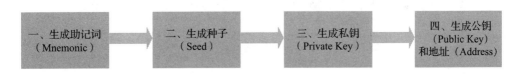

图 7-1　数字资产钱包实现技术流程概览

众所周知，私钥为一串无规律字符串，不便于记忆，使用也不方便，所以从钱包设计的角度，在简化操作的同时又不失安全性，就出现了助记词的方法。一般情况下，助记词由一些单词组成，只要记住这些单词并按照顺序在钱包中输入，就能打开钱包，下面将详细阐述其中的原理和方法。

根据密钥之间是否有关联可把钱包分为两类：

❑ 非确定性钱包（nondeterministic wallet）：每个密钥都是从随机数独立生

成，密钥彼此之间无关联，这种钱包也被称为 Just a Bunch Of Keys（一堆密钥），简称 JBOK 钱包。

- 确定性钱包（deterministic wallet）：所有密钥都是从一个主密钥派生出来，这个密钥即种子（Seed）。该类型钱包中所有密钥都相互关联，通过原始种子可以找到所有密钥。确定性钱包中使用了很多不同的密钥推导方法，最常用的是树状结构，它被称为分级确定性钱包或者 HD（hierarchical deterministic）钱包。

比特币钱包（Bitcoin Core）生成的密钥对之间没有直接关联，属于 non-deterministic wallet，这种类型的钱包如果想备份导入是比较麻烦的，用户必须逐个操作钱包中的私钥和对应地址，图 7-2 中所示为松散结构的随机密钥集合的非确定性钱包。

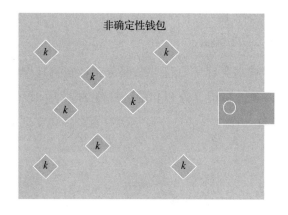

图 7-2　非确定性钱包示意图

Deterministic wallet 基于 BIP32（Bitcoin Improvement Proposal32）/BIP39/BIP44 标准实现，通过一个共同的种子维护 n 个私钥，种子推导私钥采用不可逆哈希算法，在需要备份钱包私钥时，只备份这个种子即可（大多数情况下，种子通过 BIP44 生成助记词，便于抄写），支持 BIP32/BIP39/BIP44 标准的钱包只需导入助记词即可导入全部的私钥，种子派生密钥的确定性钱包如图 7-3 所示。

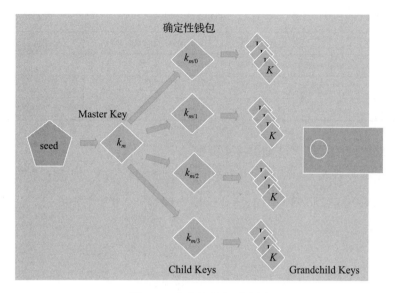

图 7-3　确定性钱包示意图

上面提到了 BIP32/BIP39/BIP44 标准，概括来说 BIP32 标准定义了种子使用 HMAC-SHA512 生成根私钥，并导出子私钥，这是 HD 钱包的主要标准；BIP39 标准定义了钱包助记词和种子生成规则；BIP44 标准定义了节点布局，用于多币种和多账户钱包；除此之外，还有 BIP43 标准用于定义多用途 HD 钱包结构。

生成助记词（BIP39 标准）

助记词库中有 2048 个词，用 11 位二进制可全部定位词库中所有的词（$2^{11}=2048$），故一个词用 11 位表示，助记词的个数可为 (熵 + 校验和)/11，值为 12、15、18、21、24。规定熵的位数必须是 32 的整数倍，所以熵的长度取值为 128~256 之间，分别为 128、160、192、224、256；校验和的长度为熵的长度 /32 位，所以校验和长度可为 4、5、6、7、8 位；如表 7-1 所示。

表 7-1　熵的位数和助记词长度对应表

熵（bit）	校验和（bit）	熵 + 校验和（bit）	助记词长度
128	4	132	12
160	5	165	15

(续)

熵（bit）	校验和（bit）	熵+校验和（bit）	助记词长度
192	6	198	18
224	7	231	21
256	8	264	24

生成助记词的具体步骤如图 7-4 所示。

（1）生成长度为 128～256 位（bit）的随机序列（熵），以 128 位为例；

（2）取熵 SHA256 哈希后的前 n 位作为校验和（n = 熵长度 /32），图 7-4 中为 128/32=4；

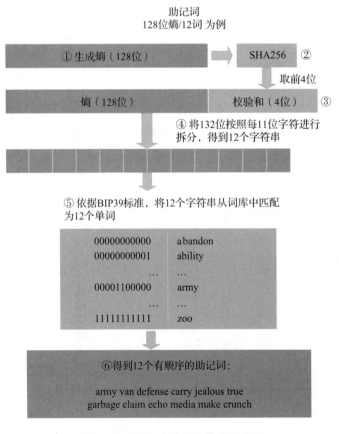

图 7-4　生成 12 位助记词算法示意图

（3）随机序列（熵）+ 校验和拼合为一个字符串，图 7-4 中为 128+4=132 位；

（4）把步骤（3）得到的结果每 11 位切割，图 7-4 中为 132/11 =12 个字符串；

（5）步骤（4）得到的每个字符串匹配预先定义的 2048 个词库中的单词；

（6）步骤（5）得到的结果就是助记词串，这是一个有顺序的单词组，即助记词。

通过助记词生成种子（BIP39 标准）

助记词由长度为 128～256 位的随机序列(熵)匹配词库而来，随后采用 PBKDF2（Password-Based Key Derivation Function 2）推导出更长的种子（seed）。生成的种子被用来生成构建 deterministic wallet 和推导钱包密钥。

在密码学中，key stretching 技术被用来增强弱密钥的安全性，增加了暴力破解（brute-force attack）对每个可能密钥尝试攻破的时间，增强了攻击难度。各种编程语言原生库都提供了 key stretching 的实现。PBKDF2 是常用 key stretching 算法中的一种，其基本原理是通过一个伪随机函数（例如 HMAC 函数），把明文和盐值作为输入参数，然后重复进行运算最终产生密钥。

如图 7-5 所示，PBKDF2 有两个参数：助记词和盐。盐的目的是提升进行暴力攻击时的困难度，可以参见 BIP39 标准。盐由字符串常数"助记词"与可选的用户提供的密码字符串连接组成；PBKDF2 使用 HMAC-SHA512 作为随机算法 +2048 次哈希重复计算，最终得到 BIP32 种子，512 位（64 字节）是期望得到的种子长度。即 DK = PBKDF2（PRF, Password, Salt, c, dkLen），其中，PRF 是一个伪随机函数，例如 HASH_HMAC 函数，它会输出长度为 hLen 的结果；Password 是用来生成密钥的原文密码；Salt 是一个加密用的盐值；c 是进行重复计算的次数；dkLen 是期望得到的密钥的长度；DK 是最后产生的密钥。

从种子中创造 HD 钱包（BIP32 标准）

HD 钱包从单个根种子（root seed）中创建，为 128～256 位的随机数，任何兼容 HD 钱包的根种子也可重新创造整个 HD 钱包，所以拥有 HD 钱包的根种子就等于拥有所有密钥，方便存储、导入及导出。

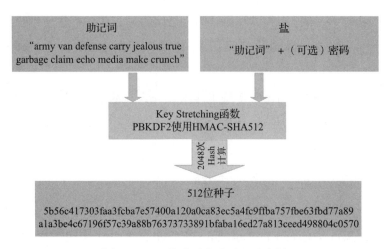

图 7-5　512 位种子生成过程示意图

主密钥以及 HD 钱包的主链码具体生成过程如图 7-6 所示，根种子通过不可逆 HMAC-SHA512 算法推算出 512 位的哈希串，左 256 位是主私钥（Master Private Key (m)），右 256 位是主链码（Master Chain Code）；链码 chain code 作为推导下级密钥的熵。

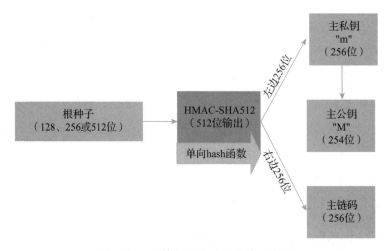

图 7-6　HD 钱包及主链码生成示意图

以上过程再结合 BIP43、BIP44，对 HD 钱包还能实现诸如多币种、多账户、多用途等功能。

keystore 和密码基本功能

回归到用户体验，助记词的方式仍然很复杂，现有的密码操作方式才是用户最为熟悉的方式。因此钱包还提供了 keystore 以便用户导出密钥文件进行保存，keystore 会存储在使用的设备里，这样每次登录只用输入相应密码即可。

keystore 是私钥经过加密后的一个文件，需要用户设置的密码才能打开该文件。即使 keystore 文件被盗，只要用户设置得密码够长、够随机，短时间内私钥也不会被泄露，用户有充足的时间将地址里的数字资产转移到其他地址。

私钥、公钥和地址产生的方式

从私钥推导出公钥再从公钥推导出公钥哈希都是单向的，采用不可逆算法，也就是通常所说的椭圆曲线算法，如图 7-7 所示。

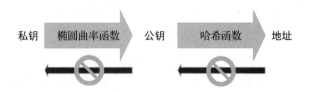

图 7-7　公钥和地址生成示意图

公钥和地址具体生成过程如图 7-8 所示。

（1）通过随机数生成私钥；

（2）私钥经过 SECP256K1 算法处理生成公钥；

（3）同 SHA256 一样，RIPEMD160 也是一种 Hash 算法，经过一次 SHA256 + 一次 RIPEMD160 哈希运算，由公钥计算得到公钥哈希；

（4）将一个字节的地址版本号连接到公钥哈希头部，进行两次 SHA256 运算，将结果的前 4 个字节作为公钥哈希的校验值，连接在其尾部；

（5）将第（4）步的结果使用 BASE58 进行编码，即得到钱包地址。

从字节层面拆开来看，公钥的详细生成流程如图 7-9 所示。

（1）私钥是 32 字节（256 位）的随机数；

（2）在私钥头部加上版本号；

（3）在私钥尾部加上压缩标志；

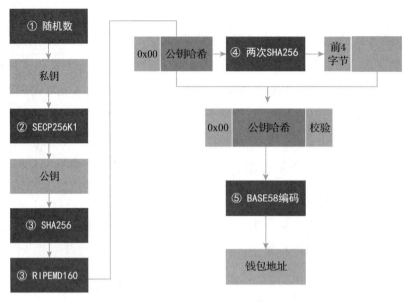

图 7-8　公钥和钱包地址生成流程图

（4）将私钥进行两次 SHA256 哈希运算，取两次哈希结果的前 4 个字节作为校验码，添加到压缩标志之后；

（5）将（2）、（3）、（4）步得到的随机数用 BASE58 进行编码，就可以得到 WIF（Wallet Import Format）私钥（用于钱包之间导入导出私钥，是用户较为常用的密钥格式）。

（6）私钥经过椭圆曲线乘法运算，可以得到公钥。公钥是椭圆曲线上的点，并具有 x 和 y 坐标。

从字节层面拆开来看，钱包地址的详细生成流程如图 7-10 所示。

（1）将公钥通过 SHA256 哈希算法处理得到 32 字节的哈希值；

（2）对得到的哈希值通过 RIPEMD-160 算法来得到 20 字节的公钥哈希 hash160；

（3）把版本号+公钥哈希 hash160 组成的 21 字节数组进行两次 SHA256 哈希运算；

（4）将哈希值的前 4 个字节作为校验和，放在 21 字节数组末尾；

（5）对组成 25 位数组进行 Base58 编码，最后得到钱包地址。

第 7 章 应 用 ❖ 197

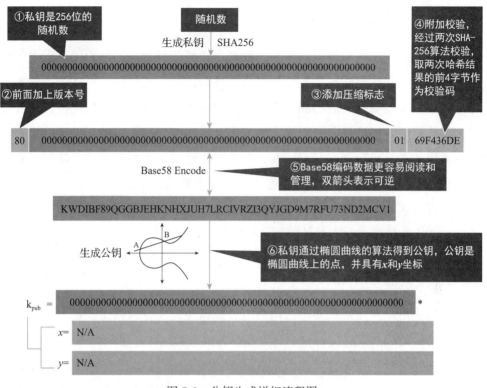

图 7-9 公钥生成详细流程图

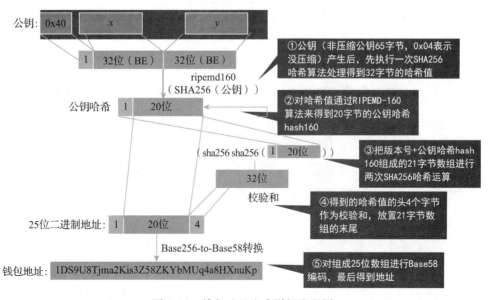

图 7-10 钱包地址生成详细流程图

7.2 应用的外部辅助机制

区块链是一个相对封闭的体系,数据、交易等都是在网络内的节点之间相互流通,无法直接和外部世界互联互通,只有借助一些辅助工具才能更好地扩宽区块链在某些场景下的功能,丰富其应用多样性。否则,在封闭的网络环境中,区块链的应用场景非常有限。本节将介绍两个较为重要的辅助工具,一个是数据同步工具——预言机 Oracle,帮助区块链系统实现与外部互联网、某专用数据库等第三方系统的数据连通;另外一个是支付工具——链下支付通道,帮助实现在区块链之外进行数字货币的支付,以满足高频小额的支付需求,绕开区块链交易处理效率不高的瓶颈。

7.2.1 预言机 Oracle

我们知道在区块链体系中,用户可以向系统发送交易请求,提交数据,系统上的节点收到请求后进行相应的处理,数据从系统外部主动向系统内部流动。反之,区块链系统却无法主动向系统外部调用数据。以太坊上所有的智能合约都是在虚拟机上运行的,合约之间只能相互调用,不能与外部第三方系统直接调用。比特币系统中虽无智能合约,但是其操作码体系也无法支持直接调用外部数据。

一方面,从系统逻辑层面来说,区块链是一个分布式账本系统,没有中心化统一处理机制,网络中所有的交易和数据都要通过节点和节点之间达成共识才能被最终接纳和确认,外部数据对于系统来说未得到所有节点的共识确认,是不安全的,因此无法直接调用外部数据。

另一方面,从系统实现层面来说,因为智能合约是部署在每一个节点上的,如果允许节点调用外部系统数据 API 接口,那么,如果网络有 100 个节点,系统就会同时发出 100 次对第三方系统的数据调用请求,这不仅造成网络压力,还对第三方系统带来极大的瞬时访问压力。此外,由于每个节点的网络状态不同,网络延时的存在会导致每个节点调用数据的时间点不同,对于时间敏感的数据,将直接导致每个节点获取的数据都将不同,那么网络内所有的节点将无法达成共识。

但在现实应用场景中,我们可能常常需要用到区块链外部的很多数据信息,比如生成随机数的种子来源、天气情况、股票市场价格、汇率、债券价格等,如果无法获得外部数据的支持,那么区块链的应用场景将大大减少。因此,需要建立一个获取外部数据的辅助平台,并且该平台要作为区块链系统内统一的对外数据调用出入口,这样一方面是为了保障数据的一致性,另一方面则是要承担保障数据安全的责任。Oracle 预言机就是基于以上需求和系统设计的考虑而诞生的,它是区块链系统获取外部数据的统一接口,负责保障数据的安全性、可靠性和一致性,并将其传递给区块链内的其他应用。

预言机 Oracle 架构

Oraclize 是一个开源的预言机服务协议,不仅适用于公链、联盟链,也适用于非区块链系统。目前可以支持以太坊 Ethereum、Rootstock、R3 Corda、Hyperledger Fabric 和 EOS。如图 7-11 所示为以太坊中 Oracle 的架构图,在以太坊中部署 Oraclize 智能合约,其他智能合约 X 可以通过调用 Oraclize 合约来请求获取外部数据,Oraclize 合约在获取数据后通过 _Callback 函数将数据返回给智能合约 X。

Oracle 有单预言机模型和多预言机模型,单预言机模型如图 7-11 所示,只有一个预言机进行相关信息处理,也叫中心化预言机模型,这种模型虽然简单,但对获取数据的有效性和安全性要求更高,通常需要进行可信性证明。同时,还容易发生单点故障导致整个机制失效,影响全网的使用,如以太坊的 Oraclize 智能合约就是中心化的预言机模型。

多预言机模型可有多个预言机进行信息的收集和处理,也叫去中心化预言机模型。多个预言机收集到的信息大概率是不一致的,如何判定哪些数据是正确的则需要有一个判断和选择标准。比如多数原则,只有当超过一定比例的合约提供了相同的数据结果,该数据才有效,否则此次操作无效;中位数原则,比如获取汇率价格,取各预言机获取的价格的中位数作为最终价格。数据汇总处理的方案可以依据应用的需求而定,不同的数据有不同的确认偏好。去中心化的方式可带来更多的系统稳定性,但同时也会带来更多的不确定性,如何避免、化解或弥合这种不确定性将成为重点的内容。2017 年发起的 Chainlink 就是去中心化预言机项目。

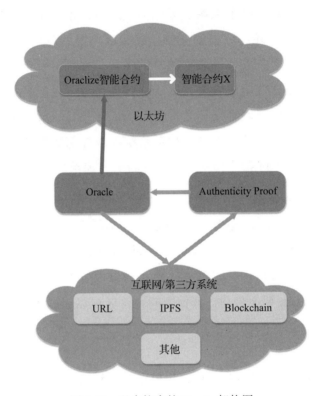

图 7-11　以太坊中的 Oracle 架构图

Oracle 可访问数据源

Oracle 原则上可访问任何类型的外部数据，目前以以太坊智能合约 Oraclize 为例，其当前可访问的数据类型包括以下五种。

- ❑ URL：可访问互联网的任何网页链接，同时支持 HTTP GET 和 HTTP POST 请求，默认为 HTTP GET。
- ❑ Random：可提供来自其他可信执行环境下的随机字节，并且保证该数据在传递过程中是不被修改的。
- ❑ WolframAlpha：可访问 WolframAlpha 数据搜索引擎网站 API，该网站将返回搜索问题的答案，而不是像一般搜索引擎一样返回相关链接。

- IPFS：可获取 IPFS 网络上存储的内容和文件，使区块链网络也能支持拥有大规模数据存储的应用场景。
- Computation：支持应用进行链下计算，并且获取链下执行结果。执行环境必须是被 DockerFile 定义的，应用程序可通过二进制文件或脚本的形式发送给 Oraclize，可以支持其在 IPFS 网络上创建一个应用程序的运行环境，其中可以上传该程序所需的依赖文件等。程序运行完毕后返回的结果将不得超过 2500 个字节。这种方式可以将计算密集型的工作放到链下来完成，减少区块链网络的计算压力。

Oracle 可信证明机制

以以太坊的预言机智能合约 Oraclize 为例，在单预言机模型中，为了保证 Oracle 获取的外部数据是未经修改的，原系统返回的数据真实有效，可以对 Oracle 获取的数据进行可信性证明，除 Random 数据源之外，对于其他的数据源而言，这个证明是可选项，非强制要求。该证明主要包括从可信数据源获取数据后，该数据在传播的过程中未经过任何人的篡改，数据发送方、接收方甚至第三方授信机构都要保障该数据的真实性和有效性。

Oraclize 的可信证明机制主要有 TLSNotary 证明、Android 证明和 Ledger 证明三种类型，如图 7-12 所示。

	None	TLSNotary	Android	Ledger
URL	✓	✓	✓	N/A
Random	N/A	N/A	N/A	✓
WolframAlpha	✓	N/A	N/A	N/A
IPFS[1]	✓	N/A	N/A	N/A
computation[1]	✓	✓	N/A	N/A

图 7-12　Oraclize 的可信证明机制

TLSNotary 证明机制主要是针对 URL 和 Computation 两类数据源的。TLSNotary 是一个开源协议，它从传输层上来保证数据在传输过程中未被任何人修改，并且可以向第三方提供未修改证明。它利用 TLS 传输层安全协议将主密钥分配给三方：服务器（数据源服务方）、受审核方（Oracle）、审核方。在 Oraclize 智能合约的实例中，审核方是 AWS（Amazon Web Service），它可以通过 TLSNotary 证明其在实例化之后未经过任何修改。

Android 证明是 Oraclize 内部研发的成果，其利用 Google 开发的 SaftyNet 远程证明软件技术，来证明一个连接到 Oraclize 的远程 Android 应用是否运行在一个安全、受控的物理环境中。同时它还能通过远程验证该应用程序的代码哈希，来授权该应用是否可在当前设备中运行。同时，最新的证明技术还能证明该远程设备已经升级至最新的 Android 版本，以保证系统漏洞被及时而完整地修复。这些技术保证应用程序可以运行在一个非常安全、可靠的环境中，因此该应用通过 HTTPS 和 Oraclize 建立的连接就拥有了安全性和可靠性基础。

Ledger 是一个法国加密货币钱包公司，其核心产品是 Ledger Nano S 和 Ledger Blue，这两种产品都安装了 STMicroelectronics 安全设备，包括一个控制器和 BOLOS 安全操作系统，BOLOS SDK 允许开发者基于其安全硬件环境开发相关的应用。BOLOS 的一些核心 API 可以提供加密和证明服务。当一个应用向其内核调用证明服务时，内核可依据该程序的二进制编码进行哈希签名，该签名基于内核的证明密钥产生，而该密钥又源于 Ledger 的根主密钥，被存放在一个 HSM 加密硬件设备中，因此，应用程序获得的这个签名是一个安全有效的证明。Ledger 证明不仅能提供应用程序代码的证明，还能证明其运行环境是安全的。

通常来说，Oracle 的证明文件都相对较大（比如几 KB 字节），如果直接将其上传到区块链中，一方面会导致交易消耗较多的 gas 费用，另一方面目前的区块链平台不一定有能力存储这么大的文件到链上。因此，为了永久地保存证明文件，让所有人都可以自由地查询和追溯，Oraclize 支持将证明文件上传到 IPFS 网络中（一个去中心化的存储网络）。

7.2.2 链下支付通道

通过前几章的分析可知，目前区块链主网并不适用于交易和支付。一方面是交易速度慢，另外一方面是需要付出不菲的手续费，对于高频、小额的支付场景来说尤其如此，因此链下支付的想法应运而生。为了解决比特币的交易问题，2016 年 1 月，Joseph Poon 和 Thaddeus Dryja 合作发表了论文"The Bitcoin Lightning Network: Scalable Off-Chain Instant Payments"，提出了闪电网络链下支付通道的想法，随后诞生了面向以太坊的雷电网络。

在介绍具体解决方案之前，需要先介绍链下支付通道用到的一项最基础的技术——哈希时间锁。

哈希时间锁

哈希时间锁协议，即 HTLC（Hashed Time-Lock Contract），是原子互换协议的具体实现，通过哈希锁和时间锁机制保障了交易的原子性。

那么什么是原子互换协议呢？

原子互换协议是解决两个不同系统之间进行原子性交易的基本框架，即该交易要么在两个系统中都发生，要么都不发生。原子性是计算机领域非常重要的设计理念，如原子交易、原子操作等，通常指最小单位的操作，该操作要么成功，要么失败，不存在第三种中间状态。

为了更清楚地描述原子互换协议，下面通过一个交易示例来进行说明。假设 Bob 要用某支付系统里的 6000 美元购买 Alice 区块链上的 1 个比特币。Alice 和 Bob 分别在某支付系统和比特币网络都拥有账号和钱包地址。最终要实现的目标是 Alice 将 1 个比特币转移到 Bob 比特币钱包地址，同时 Bob 在某支付系统里向 Alice 支付了 6000 美元现金，这个交易分散在两个独立的系统中，其实本质上是两个交易分别在两个系统中同时发生，或者两个交易都不发生，即最终交易失败，如图 7-13 所示。

图 7-13　交易情景 1

首先，Alice 在比特币网络向 Bob 发起一笔 1 个比特币的转账，该交易是一个带条件的交易，只有 Bob 输入正确的密钥 S'，解开哈希谜题，使最终哈希函数等于 K 才可以拿到这 1 个比特币，当然，目前只有 Alice 知道密钥 S'。同时，Bob 在某交易网络中也向 Alice 发起一笔 6000 美元的转账，该转账也是带条件的，只有 Alice 输入的数字能使哈希函数最终等于 K 才可以拿到这 6000 美元，如图 7-14 所示。

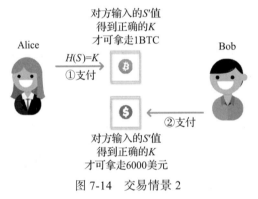

图 7-14　交易情景 2

此时，若 Alice 在某支付系统中输入了正确的 S 密钥，则其拿到了 6000 美元，而 Bob 获得了密钥 S，Bob 拿着密钥 S 去比特币网站中解锁 Alice 发起的转账交易，Bob 也成功拿到了他的 1 个比特币，如图 7-15 所示。

图 7-15　交易情景 3

若 Alice 并未输入正确的密钥 S，或者未在规定时间内输入密钥 S，则 Bob 在某支付系统中发起的交易会失效，6000 美元将退回给 Bob，同时 Alice 在区块链网络上发起的 1 个比特币交易也会超时失效，1 个比特币最终退还给 Alice，两个人跨系统交易失败。一般 Alice 发起的交易其超时时间要长于 Bob 发起的交易超时时间，以保证 Bob 在拿到密钥后有足够的时间进行操作，如图 7-16 所示。

图 7-16　交易情景 4

以上便是原子互换协议的基础框架和流程，具体到使用上，我们会用到哈希锁和时间锁这两类函数。

哈希锁

在上面的例子中，Bob 如何验证 Alice 提供的密钥 S 是正确呢？这里通常的做法是用哈希函数来实现。Alice 在最开始的时候产生一个随机数 S（即密钥 S），用一个哈希函数对该随机数做计算得到 K，即 H(S)=K，Alice 会将函数 H 和 K 告诉 Bob，我们知道哈希函数的计算是不可逆的，几乎无法通过 H 和 K 反向计算得到 S。所以 Bob 只能让 Alice 主动披露一个密钥 S'，并用 H 和 K 来验证 Alice 提供的 S' 是否能通过哈希函数 H 计算得到 K，若验证通过，则证明 Alice 提供的 S' 就是真实的密钥 S。这种哈希函数锁定的方式就是哈希锁，只有密钥 S 才能打开的锁。在比特币系统中通常用 OP_HASH256 操作符来进行哈希计算操作。

时间锁

在上文介绍的原子互换协议中，需要交易在某个时间范围内不生效，如退回交易需要在超时以后再被触发。时间锁在比特币系统中有两种实现方式。

CheckLockTimeVerify（CLTV）

比特币 2015 年 BIP65 的软分叉版本中提出了 CLTV 操作码，允许交易的输出在一段时间内被阻塞（交易的其他部分不受影响）。当 CLTV 操作码被调用时，会检测交易中的 nLockTime 参数，只有当 nLockTime 的时间大于或等于 CLTV 参数指定的时间时，交易才会被完整执行，否则交易会被阻塞在 memory pool 中。

nLockTime 是比特币交易最原始的参数类型，表示该交易可最早被写到区块上的时间，或最小可写入的区块高度。nLockTime 设置为 0，表明该交易写入任何一个区块都将有效。

CheckSequenceVerify（CSV）

比特币 2016 年 BIP68/112/113 软分叉时提出了 CSV 操作码，相对于 CLTV 提出的绝对锁定时间来说，CSV 提出的是相对锁定时间。当执行 CSV 操作码时，系统会检查 NSequence 参数，若其表示的相对时间大于或等于 CSV 参数的时间，则交易开始执行；否则交易会被阻塞在 memory pool 中。

Relative Locktime 是 2016 年 BIP68/112/113 软分叉提出来的，参数由 NSequence 表示，是交易输入域参数的一种，表明该交易最早能被写入区块的时间，该时间是相对于上次 UTXO 写入区块的时间而言的。

闪电网络

闪电网络是比特币区块链网络中的链下支付解决方案，其主要技术点有两个，一个是序列到期可撤销合约（Recoverable Sequence Maturity Contract，RSMC），另一个是哈希时间锁（Hashed Timelock Contract，HTLC）。前者解决了链下交易的确认问题，后者解决了支付通道的问题。

RSMC 类似于一种准备金机制，交易双方在一个链下交易池内放入一定量的资金作为双方交易的共有资金，并在链下记录两者的资金占有份额。这个交易池就是一个"微支付通道"，当交易双方之间发生交易时，交易池中的共有资金占比将发生变化，新的比例数据需要交易双方共同签字确认，同时旧的比例份额版本作废。整个过程都是在链下完成的，因此不占用区块链的资源。当交易的一方需要提现时，最终资金占比份额才被写入区块链网络，并被区块链最终确认。

在任何时候，交易的任何一方均可以提出提现请求，这时只要提供一个双方都签过名的资金分配方案即可。为了防止过程中有人提交作废的资金占比份额进而获利，另一方如果能证明该方案不是最新结果，则造假方将被没收资金给质疑方。这样可以保证交易结果的正确性。此外，为了鼓励大家使用链下支付通道，RSMC 设置了一个机制，即首先提出要提现的一方资金最后到账，而对方先获得资金池里面相应的资金。

哈希时间锁用来提供限时转账的功能，既可以实现交易双方之间安全的转账，同时也可以防止因交易取消或推迟无法拿回资金的情况。通过智能合约，转账方会先将约定的转账费用冻结，并提供一个哈希值，如果有人能提供一个字符串使它的哈希值与已知值匹配，则此人可以获得该笔冻结的转账费。一般情况下，能提供与哈希值匹配的字符串意味着转账方授权了接收方来提现。

当多个用户之间存在"微支付通道"时，这些通道相互连接，便可以形成"通道网络"，这就是闪电网络。相互转账的双方并不需要直接的支付通道连接彼此，而是可以通过中间人的方式实现相互转账。比如有甲、乙、丙三个用户，其中甲和乙、乙和丙之间存在"微支付通道"，甲想转账给丙。这时只要通过甲转账给乙，同时乙转账给丙就可以实现甲对丙的转账。这个过程由后台自动执行，对用户来讲，感觉就像甲直接转账给丙一样。

当然，闪电网络也存在一定的缺陷。第一，用户无法支付给不在线的人，即无法离线支付。这种情形有些类似于微信转账时收款方需要确认收款才能到账。第二，闪电网络更适用于小额支付，对于大额付款并不理想。这是因为在闪电网络中冻结的资金不会太多，较大的转账金额可能需要多个通道共同支付。第三，闪电网络容易出现匹配失败的情况。当其中一个交易方没有回应，用户可能需要等待数小时才能关闭付款通道，之后才能通过替代路线重新发送资金。

雷电网络

雷电网络与闪电网络极其类似，只不过雷电网络是应用在以太坊上的链下扩容方案。基本原理同闪电网络一样，此处不再赘述。下面简单介绍一下雷电网络和闪电网络的区别。

第一，雷电网络的支付通道是被链上的一个智能合约控制的，而闪电网络是基于多重签名地址建立的支付通道。

第二，雷电网络引入了更为通用的"智能条件"（Smart Condition），实现智能转账（smart transfer），HTLC 成为其可实现的一个子集，除哈希锁、时间锁等条件之外，它还可设定更复杂的条件。

第三，在设计细节上雷电网络也不同于闪电网络。比如，雷电网络中用来更新通道余额分配的报文，增加了序号字段和等待期字段以便识别作废的报文；在余额分配中，申明新余额分配的方式是出示余额分配的净增减，而不是重新申明余额等。

7.3 DApp 应用生态

随着以太坊智能合约的推出，特别是 2017 年 10 月出现的第一款现象级 DApp "CryptoKitties"（俗称"加密猫"）的火爆，将去中心化应用带到了普通大众的视野中。和中心化应用不同的是，去中心化应用运行在区块链上或一些分布式节点网络上（严格意义上来说，去中心化应用并不一定需要运行在区块链上，运行在 P2P 的分布式网络中的程序也是去中心化应用，不过这类应用目前数量还非常少，因此，本节所指的 DApp 和去中心化应用都特指基于区块链系统的应用），应用的功能、性能和安全性受限于底层平台。2017 年，底层公链平台的建设开始爆发，主要解决的痛点之一就是公链平台底层性能问题，截至 2019 年，已有一批公链平台落地运营，那么目前在这些公链平台上 DApp 的生存现状如何？其所面临的主要问题有哪些？未来发展趋势如何呢？下面将为您逐一揭晓。

7.3.1 主流生态平台现状

经过 2017~2018 年底层公链平台建设的爆发期，到 2019 年，平台型公链已逐步落地，并开始在 DApp 生态领域与以太坊（ETH）平台展开竞争，形成了以太坊（ETH）、EOS 和波场（TRON）三家争鸣的局面，如图 7-13 所示为这三大公平型公链其 DApp 发展情况（数据来源于 Dappradar 和 DappReview，2019 年 3 月 30 日）。以太坊是第一个推出智能合约的公链平台，其生态开始得最早，因此在 DApp 数量上要远远超过 EOS 和 TRON，达到 1671，而 EOS 和 TRON 分别只有 456 和 219。从活跃度上来看，以太坊要远远弱于 EOS 和 TRON。24 小时内活跃人数超过 100 人的 DApp 数量在以太坊上只有 25 个，约为 1.5%；2018 年上半年才主网落地的 EOS，其活跃度要远远高于以太坊，约为 14%；而 2018 年年底开始发力生态建设的 TRON，其 DApp 数量虽然最少，但发展迅速，活跃度也最高，约为 22%。

现阶段，DApp 更多是在小成本尝试阶段，很多应用推出即面临无人使用的尴尬场景，也有一些在爆火之后归于落寂，各大平台 DApp 死亡率不可谓不高，从图 7-17 中可以计算出 ETH、EOS 和 TRON 的 DApp 死亡率分别是 85%、50% 和 38.8%。死亡率的高低也和各平台推出的时间早晚高度相关，以太坊最早推出，其 DApp 死亡率也最高，TRON 的推出时间短，死亡率也最低。从如此高的死亡率可以看出现阶段 DApp 生存的艰难，以 EOS 平台为例，大约只有前 20（约 4.3%）的 DApp 能维持营收平衡，盈利的更是少数。

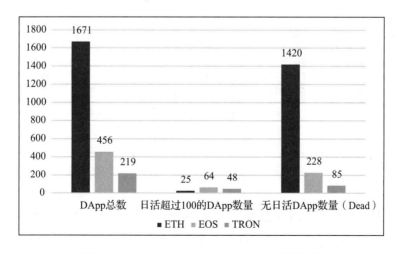

图 7-17　ETH、EOS 和 TRON DApp 发展情况

目前 DApp 的应用类型非常有限，主要是围绕着"资产"和"娱乐"两个元素在发展，如图 7-18 所示，在 ETH、EOS 和 TRON 三大平台上，占比最大的为游戏类应用，其次为高风险的资金类游戏和博彩类游戏，这三者的总计占比超过 75%，其次就是去中心化交易所类应用，约占 6%。

再从每个平台细分去看，如图 7-19 所示博彩类应用在 EOS 平台上的占比最高，达到 58%，TRON 在高风险资金盘类游

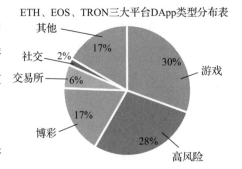

图 7-18　DApp 应用类型占比

戏中占比 40%，只有以太坊的生态更加健康，没有像 EOS 和 TRON 一样集中在博彩和资金盘类的应用上。去中心化交易所是未来的一个重要赛道，各大平台也都有布局，但是占比都非常小，除此之外，社交类应用也开始小规模试水 Token 经济，但目前还未出现爆款类应用。

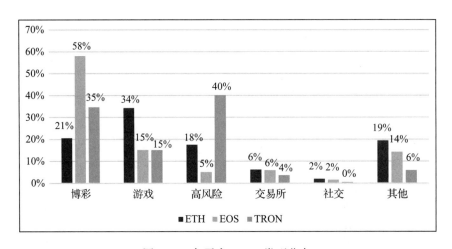

图 7-19　各平台 DApp 类型分布

2017 年，DApp 应用开始在以太坊平台上慢慢探索，以一两个爆款应用（如 CryptoKitties）引起了社会的广泛关注，但受限于以太坊性能，此时的应用功能设计非常受限，难以承受复杂度稍高和操作频率稍高的应用。2018 年

6月，EOS 主网上线，将主网 TPS 提升到四位数级别，相较于以太坊有了非常大的改进和提升，EOS 应用纷纷出炉，仅 9 个月的时间便推出了 456 个应用，且博彩类游戏 DApp 一直居于活跃度和交易量的榜首，推动了一股博彩游戏之风。TRON 也是 2018 年 6 月启动了主网，但是其大力布局 DAPP 生态则开始于 2018 年第四季度，靠着其强劲的营销能力，TRON 迅速完成了第一波 DApp 布局，在数量上正大力追赶 EOS，而 DApp 的类型也和 EOS 非常类似。

7.3.2 DApp 生存挑战

现阶段，虽然有一批公链平台落地，性能上相比以太坊有一定程度的提高，也有一批 DApp 开发团队在不断尝试，但用户体验和功能性上离传统中心化应用还有不小的差距。现在依然是去中心化应用发展非常初期的阶段，其应用门类单一、用户数量少、用户活跃度低、用户体验度差。总体来说，目前 DApp 的发展主要受限于以下几个方面：用户进入门槛过高、底层平台性能不佳、安全问题突出、用户体验较差等。

用户进入门槛过高

目前几乎所有链上的 DApp 都会与资产（通证）相结合，不管是同质化的 ERC20 通证，还是非同质化的 ERC721 通证，目前 DApp 的首要目标就是解决如何玩转资产的问题。一方面可以通过资产的流通去解决现有系统的激励困难，如 Steemit，通过对优秀内容进行资产激励，来激发平台内容创作者的活跃度、增加用户的参与感，让整个经济体系运转起来。另一方面，可以让实物资产通证化，实物在线下的流转显然没有在线上流转直接和方便（在保证有效性和安全性的前提之下），实物资产通证化可以提高经济体的效率、缩短交易周期。

因此，对于几乎所有的应用，用户在使用之前都需要先创建自己的钱包、在交易所注册、法币入金、从交易所购买资产、从交易所提出资产到指定钱包、创建链上账户（针对类 EOS 账户系统的平台）、将自己的钱包关联到 DApp，最后完成应用中的相关操作。以上所有步骤都不是目前广大互联网用户所熟知的领域，每一个步骤都是陌生的，而且要涉及钱包、交易所、区块链账户系统以及 DApp 等多个独立的系统，对于一个新用户而言，门槛有多高就不言而喻了。

所以，目前 DApp 应用吸引的都是对区块链有所了解的存量用户，对于普通新用户的吸引力非常弱。因此，未来 DApp 爆发的前期，市场教育以及潜在用户的培训工作就显得非常重要。只有当整个区块链生态有相当的影响力，普通用户对于交易所、钱包、区块链账户体系有一定的认知，那么吸引用户去使用 DApp 的转化率才较为可观。另外传统的流量大头应用，慢慢转向区块链领域，可带来较为可观的场外用户。此外，如果在 DApp 的设计上能降低用户的门槛，减少跨系统的操作步骤，增加用户使用引导，也是能降低用户使用门槛、增加用户吸引力和使用度的有效手段。

底层平台性能不佳

说到性能，大家想到的第一个指标就是 TPS（Transactions Per Second，每秒交易数量），这固然是重要的指标，但同时数据存储、计算以及网络容量等也是决定一个应用性能高低的关键方面。

先说 TPS，比特币的 TPS 是个位数，以太坊是两位数，到 EOS 的 DPOS 时代是四位数，据火币研究院在 EOS 上线前夕进行的实测，TPS 为 700～1300 之间，虽然相较于以太坊时代有了两个量级的提升，但是和中心化平台相比差距还是非常明显的，且提升空间有限。TPS 难以突破，就意味着应用层的 DApp 的应用范围和功能受到限制，比如高频类交易、链上交互性强的应用就不太适用，这也限制了 DApp 应用的种类和范围，目前只能从简单的交互类应用开始做起，因此相对于中心化应用来说，其吸引力是大打折扣的。

此外，链上数据存储也是目前的瓶颈之一，对于有较大规模数据存储需求的应用来说，采用分布式应用的方式目前并不是一个好的选择。虽然目前多数区块链底层都支持 IPFS 去中心化数据存储平台，但 IPFS 的数据存储速率、查询速率、响应时间等不仅和网络状态有关，还和使用者周围的 IFPS 节点数量密切相关。如果 IPFS 节点分布密集度不够，那么数据存储和调用的速度将会非常缓慢，让适应了中心化应用的用户难以接受。

除 TPS、存储之外，节点计算能力也是重要的制约因素。目前关于分布式计算的讨论、应用和实例都非常少，这也意味着目前的区块链底层平台是无法支持需要消耗大量计算资源的应用的。

由于区块链底层平台在性能上、存储上和计算能力上的研究都处于非常初期的阶段，和现有中心化系统相比存在着比较大的差距，且短时间内难以弥合，因此极大地限制了 DApp 的应用类型，难以很好地支持顺畅的用户体验。

安全问题突出

安全问题一直是区块链领域最受关注的话题。人们对 The DAO 事件、Parity 钱包事件、Mt.Gox 交易所被盗事件等对区块链行业有着重大影响的安全事件依然历历在目。基本的安全问题得不到保障，那么 DApp 的发展就犹如火中取栗，令开发者们惴惴不安。

以太坊

相较于比特币，以太坊最大的提升在于一方面引入了智能合约，其图灵完备的编程机制使得平台可以支持复杂的应用，大大丰富了平台应用的多样性；另一方面以太坊引入了虚拟机中间层，使多种语言开发的智能合约都能在平台运行，提高了平台的可扩展性。但恰恰也是这两大机制为以太坊的安全问题增添了更多的不确定性。图灵完备的编程方式固然更灵活，但同时也更复杂和不可控；虚拟机机制使得以太坊支持多种语言，当然也引入了更多语言的不确定性、复杂性和固有的缺陷。这些因素都是黑客寻找猎物的温床，比如，2018年4月23日 BEC（美链）爆出 ERC20 协议安全漏洞，攻击者利用整数溢出 BUG，可无限生成代币，导致 BEC 币值跳水，直接归零，让投资者蒙受了巨大损失。

作为区块链最活跃的公链平台，以太坊目前已知存在 Solidity 漏洞、短地址漏洞、交易顺序依赖漏洞、可重入攻击漏洞、时间戳依赖漏洞等，在调用合约时这些漏洞可能被利用，而智能合约部署后难以更新的特性也让漏洞的影响更加广泛和持久。有研究机构运用分析工具 Maian 分析基于以太坊的近 100 万个智能合约，发现有 34 200 个合约含有安全漏洞，可窃取或冻结资产甚至删除合约。

EOS

EOS 自主网上线以来，安全事件更是频频发生，平均每 3.5 天一起的黑客事件让开发者们如履薄冰。从 2018 年 7 月至 2019 年 1 月，已知所披露的事件里，共发生了 63 起黑客攻击事件，共出现了 11 种攻击类型，包括溢出攻击、随机数问题、重放攻击、假 EOS 攻击、假转账通知、拒绝服务攻击、敏感权限、私钥泄漏、交易回滚攻击、内联反射攻击、同名混淆交易。

在诸多攻击类型中，泛随机数安全事件最多发，共发生 31 次。随机数问题和交易回滚都是针对随机数进行的攻击，同属于泛随机数安全范畴内的攻击手法。其中，最常发生的安全事件是随机数问题，共发生了 16 次，这种手法通常是指随机数算法被破解，黑客根据破解出来的随机数成功计算出开奖结果。比如 2018 年 11 月 10 日，名为 1supereosman 的黑客就用这种方法攻击了 MyEosVegas，导致开发者损失了 7530 个 EOS，按当天币价折算，为 4 万多美元。这也是所有随机数攻击中，黑客获利最丰厚的一次。次多发的安全事件则是交易回滚，共发生了 15 次，具象化到攻击案例中，就是由于下注和开奖通常在一个事务里完成，如果开奖时黑客发现他并未中奖，则直接采用中断攻击，让事务中断，整个交易就会回滚，等待下一次开奖。该过程对黑客来说相当于一个循环，简单来说，就是只要黑客中奖了，他就会让结果生效，如果一直没中奖，黑客就会让结果一直失效，直到黑客自己中奖为止。由于 EOS 网络的交易速度很快，使这种试错的循环运转也很快，而且对于黑客而言，这种试错几乎没有成本。

从上述众多安全事件看出，不仅底层区块链平台有安全漏洞，DApp 应用的开发者也容易引入安全漏洞。系统进化是一个长期的过程，一个系统的安全事件在引起大家的广泛关注后需要一点一点地去加强和改进。严峻的安全现状对于目前 DApp 应用的开发者来说都是不小的挑战，一方面程序开发的成本会因为安全问题而提升，另一方面早期开发者也承受着系统不成熟所带来的更大的安全风险。